KB274637

김정일.jpg

이미지의 독점

변영욱 지음

한울

이 도서의 국립중앙도서관 출판시도서목록(CIP)은 e-CIP 홈페이지(http://www.nl.go.kr/ecip)
에서 이용하실 수 있습니다.(CIP제어번호: CIP2008001551)

추천의 글

많은 사람들이 통일 문제와 북한에 대해서 이야기들을 하지만, 가만히 살펴보면 내용이 틀에 박힌 경우가 대부분이다. 통일 문제가 화제가 되면 막연하게 한 민족이니까 통일을 해야 한다거나, 조금 관심이 있으면 연방제나 남북연합에 대해 이러쿵저러쿵 하는 정도다.

북한에 관한 이야기만 나오면 뚜렷한 근거 없이 북한이 좋으냐 나쁘냐 아웅다웅하거나 조금 안다는 사람들도 김일성, 김정일 그리고 주체사상 정도를 들먹일 뿐이다. 이러한 경향은 보통사람뿐만 아니라 소위 북한을 전문적으로 연구한다는 사람들의 경우에도 크게 다르지 않다. 물론 보통사람들보다 논의의 수준은 높다 하더라도, 통일 방안이나 북한의 권력구조에 대한 논쟁이 통일 및 북한연구에서 압도적(?)인 자리를 차지하고 있다는 말이다.

통일과 북한과 관련된 폭 좁은 이야기들은 북한과 통일 문제를 제대로 이해하게 하는 것이 아니라 도리어 따분하고 지겨운 것으로 생각하게 만든다. 그렇지만 통일이 반드시 필요한 것은 아니라고 할지라도 분단된 현실과 북한이라는 나라는 어떤 형태로든 개개인의 삶에 영향을 미치고 있다. 이러한 점에서 지금까지와는 다른 방식으로 통일을 이야기하고 북한을 생각하는 것이 필요하다고 할 수 있다.

온갖 사건의 현장을 훌륭한 사진으로 전달하고 있는 변영욱 기자의 이 책이 의의를 갖는 것은 바로 이러한 까닭에서다. 이 책은 북한의 사진을 대상으로 하여 체계적으로 분석한 최초의 성과다. 사진을 업으로 하면서 북한학을 체계적으로 공부했다는 점에서 변영욱 기자야말로 이러한 책을 만들어낼 수 있는 독보적인 전문성을 갖고 있다고 보인다. 그러나 글쓴이의 자격이나 북한 사진과 관련된 첫 번째 책이라는 의의보다 중요한 것은 이 책이 북한을 바라보는 또 다른 방법이 있다는 것을 우리에게 알려주고 있다는 점이다.

'1호 사진'이라고 말하면서 절대적인 지위를 갖는, 그런 까닭에 늘 같아 보이는 김일성·김정일 사진이 때마다 다르다는 것, 그러한 다른 사진들은 나름대로 이유가 있다는 것, 그리고 그 사진들을 북한 사람들은 어떻게 보고 있는가 하는 것을 이 책은 알기 쉬우면서도 흥미롭게 풀어가고 있다. 이 책을 통해 우리는 북한 사진의 특성뿐만 아니라 북한 체제의 특성, 북한 사람들이 살아가는 모습도 엿볼 수 있다. 그래서 이 책을 덮고 나면 그들의 삶과 그들이 사는 터전이 우리와는 다르기는 하지만 동시에 완전히 동떨어져 있지만은 않다는 것을 느끼게 된다.

많은 사람들이 이 책을 통해서 여러 가지를 보았으면 한다. 북한의 사진과 사진이 만들어지는 과정, 사진을 보는 북한 사람들도 포함해서 말이다. 이를 통해 이 책이 틀에 갇혀 북한을 바라보는 우리의 좁은 눈을 넓혀주면서 동시에 북한에 대한 색다른 연구들을 자극하는 데 기여하리라고 믿는다.

2008년 5월 19일
이우영(북한대학원대학교, 사회학과 교수)

서문

　현대 사회에서 정치인들은 자신들의 말과 행동이 미디어를 통해
어떻게 노출되는지를 상당히 중요하게 여긴다. 미디어를 통해 노출된
정치적 메시지와 이미지가 대중의 지지도로 연결되기 때문이다.

　이 책은 북한의 지도자들이 자신들의 이미지를 관리하기 위해 어떤
노력을 해왔는지에 대한 추적이다. 북한은 대중 설득과 관련해 40여
년 전부터 이미지의 중요성에 주목해왔으며 최고지도자의 얼굴이
가장 잘 드러날 수 있는 방법을 정책 차원에서 연구해왔다. 학교와
사무실, 가정에는 최고지도자들의 초상화가 걸려 있고, 1년 365일
휴무 없이 발행되는 ≪노동신문≫에는 그들의 사진이 독점적으로
게재된다. 지도자의 초상화와 사진은 지도자의 인격과 동일시되어
특별하게 관리하고 있다. 인민들은 자신의 목숨보다 사진이 더 소중
하다고 교육받는다.

현대 사회에서 사진과 이미지는 일상생활과 점점 밀접해지고 있다. 젊은 독자들이 읽는 것보다 보는 것에 익숙해지면서 신문과 방송에서 사진 및 화면의 기능은 점점 확대되고 있다. 북한도 다르지 않다. ≪노동신문≫의 사진도 크기가 점점 커지고 있다. ≪노동신문≫은 북한에서 '엘리트 미디어'라고 할 수 있으며 다른 매체의 의제 설정에 영향을 미친다. ≪노동신문≫의 사설은 중앙조선TV를 통해 토씨 하나 다르지 않게 그대로 방송된다. 이러한 ≪노동신문≫에 게재되는 사진이 북한 대중에게 막대한 의미를 가질 것임은 아주 분명하다. 이 책에서도 ≪노동신문≫을 중요한 자료원으로 다루고 있다.

남북한을 통틀어 북한 지도자들의 이미지 정책에 대한 체계적 분석과 비판적 검토는 부족한 상황이다. 북한 사회에서 이미지를 독점하고 있는 북한의 최고지도자들은 남북정상회담과 교류 과정에서도 자신들에게 유리한 이미지만 보이려 노력한다. 그리고 그런 노력은 자칫 남북한 독자들에게 잘못된 인식을 심어줄 수 있다.

필자는 현재 신문사 사진기자다. 개성에서 만난 북한 여대생들이 흰 저고리에 검정 치마를 입고 다니는 모습을 보고 북한에 대한 궁금증이 생겨 북한을 공부해야겠다는 생각을 하게 되었다. 또한 대학원에서 논문을 쓰기 위해 ≪노동신문≫을 꼼꼼히 살펴보다가 북한 사진에서 나타나는 독특한 현상을 정리할 필요를 느껴 이 책을 엮게 되었다.

북한 사진계를 조망할 만한 자료는 국내에는 아직 없다. 북한 대학의 사진학과 교재나 사진기자들의 모임과 관련된 자료는 일절 공개되지 않는 상황이라 이 책을 엮는 데는 주로 ≪노동신문≫에 실린 사진과 그 사진 아래 붙어 있는 사진기자들의 이름을 정리하는 방법을 이용했으며, 여기에 지난 11년간 사진기자로 일했던 경험을 활용해 북쪽 사진기자들의 일상을 간접적으로 정리해보았다. 네 차례의 방북 취재 때, 그리고 남쪽에서 남북회담이 열렸을 때 북한 사진기자들에게 말을 걸어보기도 했지만 사실 그들은 별로 도움이 되지 않았다. 이미 시스템 안에 녹아 있는 그들인지라 시스템의 구조 자체에 대해서는 정보를 주지 못했던 것이다. 그들보다는 오히려 대학원을 다니면서 만난 탈북자들을 통해 이 책의 아이디어를 얻을 수 있었다. 또한 북한 취재를 경험한 남쪽 사진기자 선후배들의 경험과 취재기(取材記)도 북한 사진계의 현주소를 파악하는 데 큰 도움이 되었다.

이 책의 주장은 간단하다. 첫째, 우리가 보는 북한의 모습과 북쪽 사람들이 보는 북한의 모습은 전혀 다르다는 점이다. 둘째, 북한과 김정일 국방위원장은 사진을 정치에 활용하는 데 남쪽 정치인들보다 훨씬 능수능란하다는 점이다. 그리고 체계적인 이미지 정책의 결과로 인민들이 정치지도자의 사진을 대하는 태도가 외부 세계와 크게 다르다는 점이다. 2003년 대구 유니버시아드 대회에 참가한 북한의 미녀 응원단의 '비에 젖은 김정일 국방위원장 현수막 사건'은 당시 상당히 충격적이었으며, 우리 국민들은 사진이 비를 맞았다는 사실 때문에 고성을 지르는 그들에게 문화적 이질감을 느낄 수밖에 없었다.

이미지를 둘러싼 남북 간의 갈등은 이미 제2차 남북정상회담 과정을 통해 극명하게 드러났다. 다만 그것을 남쪽 방문단 측에서 문제 삼지 않았을 뿐이다. 이러한 갈등은 앞으로도 반복적으로 나타날

가능성이 많다.

《노동신문》을 비롯한 북한의 신문 잡지를 보는 일은 생각보다 어렵지 않았다. 대한민국 국민을 증명하는 주민등록증만 있으면 누구라도 볼 수 있는 자료실이 이미 몇 군데 있다. 다만 자료가 중간중간 빠져 있는 것이 많았고 디지털화가 아직 안 되어 일일이 수작업으로 찾아야 한다는 어려움이 있다.

남북한에서 사진이 어떻게 활용되고 있는지 비교해보겠다는 필자의 포부는 이제 출발점에 서 있다. 그 첫걸음으로 우선 북한 신문에 게재된 사진을 살펴보았다. 남한 신문이 북한을 어떻게 다루고 있는지도 앞으로의 중요한 연구 과제로 보인다. 한국의 사진기자들은 과연 북한을 제대로 바라보고 있는가? 이데올로기에 충실한 사진을 찍어 독자와 국민에게 보여주고 있는 것은 아닌가? 다음에 시간이 허용한다면 도전해야 할 과제다. 부디 따분하지 않은 책으로 독자 여러분에게 다가갔으면 좋겠다.

2008년 5월 19일
변영욱

차례

1장

북한에서 사진은 권력이다

《노동신문》에 최고 권력자의 의지와 맞지 않는 기사나 사진이 게재될 가능성은 없다. 따라서 《노동신문》에 실리는 사진은 철저하게 북한 권력관계의 현재를 반영한다.

이 책은 북한의 정치지도자가 대중 매체에 어떻게 등장하는지에 대한 추적이면서, 동시에 북쪽 사람들이 지도자의 어떤 모습을 보고 있는지에 대한 추적이기도 하다.

우선 짚고 넘어갈 것은 북한 신문에 실리는 사진들이 과연 진실한 것인가 하는 점이다. 우리나라 사람 대부분은 북한 신문을 믿지 않는다. 북한 스스로 애기하듯이 선전선동과 체제 유지를 위해 존재하는 북쪽 신문이 진실을 다룬다고 보지 않는 것이다. 심지어 북쪽 신문은 조작을 일삼는다고 믿기도 한다. 과연 그런가?

북한은 1945년 평양에서 열린 김일성 환영 군중대회 사진에서 소련군 사령관들을 지움으로써 김일성이 처음부터 독자적인 지도자였다는 인상을 만들려고 했다. 1994년에는 백두산 천지에서의 김일성 부자 사진을 공개했는데, 김일성에 비해 김정일의 키가 작은데도 비슷한 크기로 촬영된 점 때문에 합성사진이라는 의혹을 받았다. 또 남로당의 총수 박헌영 등 숙청된 정치인들의 얼굴이 역사 자료 속에서 지워지기도 했다. 하지만 이러한 사례는 과거의 일이기도 하거니와 아주 지엽적인 사례에 불과하다.

현대의 북한 신문은 정치인의 얼굴과 관련된 조작사진을 싣지는 않는다. 김일성의 오른쪽 턱 밑에 있던 혹은 분명 보여주고 싶지 않은 약점이었겠지만 그 혹을 지우지는 않았다. 다만 독특한 촬영 방법과 편집 방법을 통해 혹이 보이지 않도록 노력했다. 노력하다

안 되면 혹이 그대로 보이는 채로 신문에 내보냈다.

알려진 바와 같이 김정일은 작은 키가 아킬레스건이다. 그 약점을 숨기고 당당한 모습으로 보이게 하기 위해서 북한이 선택한 방법은 포토샵 프로그램 등을 통한 사진 조작이 아니라 키높이 구두의 착용이다. 일반적인 구두보다 굽이 높은 구두를 신어 자신의 키가 5cm 이상 커 보이게 하는 것이다. 다만 사진에서는 구두 굽이 보이지 않는 각도에서만 촬영하도록 주의한다.

북한의 최고 정치지도자들은 이미지를 중요시해왔으며 자신들의 모습이 대중과 대중 매체에 어떻게 반영되고 있는지에 관심이 많았다. 자신들의 모습과 자신들이 이룩하고 있는 사회주의의 모습이 그럴듯하게 보이도록 하기 위해 연출을 많이 하는 것이다.

북한 주민이 보는 사진은 대부분 연출된 상황 속에서 촬영된다. 처음부터 연출하여 촬영하기 때문에 굳이 사후작업으로서의 조작을 할 필요는 없는 것이다. 이것은 신문뿐 아니라 방송에서도 마찬가지라 할 수 있다.

북한 사람들에게 사실보도의 형식을 띤 신문과 방송의 영향은 결코 작다고 할 수 없다. 이 책은 북한에서 '선택된 사진'을 중심으로 북한의 내부를 들여다보는 첫 시도로서, 북한의 공식 매체인 ≪노동신문≫에 게재된 사진 중 특히 김정일과 김일성에 관한 사진을 중심으로 북한 사회의 특징을 살펴보고자 한다. 이들 사진은 북한의 과거와 현재를 상징적으로 보여주는 바로미터이기도 하며 북한 매체가 우리를 비롯한 외부 세계에 단조롭고 재미없게 보이는 이유를 축약적으로

현대에 와서 북한 신문에 조작사진이 실리는 경우는 거의 없다. 연출된 상황을 찍는 경우가 대부분이기 때문에 굳이 조작을 할 필요가 없는 것이다(≪노동신문≫, 1989년 1월 1일자).

설명할 수도 있다. 이것이 북한에 대한 또 하나의 발목잡기가 아닐까 우려할 수도 있겠지만 진정한 남북평화는 서로에 대해 많이 알수록 깊어지고 불가역적인 상태로 굳을 수 있다고 믿기 때문에 이 책을 세상에 내놓기로 했다. 남북한의 차이는 실제로 존재하며, 이것은 고개를 돌려 보지 않는다고 해서 없어지는 것이 아니다.

02. 북한에서 사진은 권력을 뜻한다

《노동신문》은 오탈자가 전혀 나오지 않을 만큼 검열을 철두철미하게 받기 때문에 최고 권력자의 의지와 맞지 않는 기사나 사진이 게재될 가능성은 없다. 따라서 《노동신문》에 실리는 사진은 철저하게 북한 권력관계의 현재를 반영한다.

예를 들어, 북한 정치권에 제한적이나마 다원성이 존재하고 김일성 유일체계가 확립되기 전까지만 해도 북한 신문의 1면에서 김일성 이외의 정치인들의 얼굴을 볼 수 있었다. 1949년 2월 24일 1면에는 스탈린의 초상화가 실렸다. 1966년 6월 19일 1면에는 "꾸바 음악단 접견하는 김일 제1부수상 동지"의 사진이 실렸으며, 1966년 7월 24일 1면에서는 "최고인민회의 상임위원회 강량욱 부위원장 이라크공화국 대통령 방문" 사진 등을 볼 수 있었다. 하지만 1966년 10월 이후 《노동신문》 1면에 등장하는 사람 중에서 정치인은 김일성이 유일하다. 나머지 정치인들은 1967년 11월 23일자 신문 4면에 실린 "최용

건, 박성철 꾸바 방문" 사진처럼 1면 이외의 지면에 실린다.

1966년 10월 이후 1면에 김일성 이외의 정치인이 등장하지 않는다는 것은 북한 사회에서 유일사상체계가 궤도에 올랐음을 의미한다. 또한 이 시기부터 김일성의 사진이 이전보다 훨씬 큰 크기로 게재되기 시작한다. 비슷한 시기에 북한 사회에는 김일성의 초상화가 대량 보급된다.

있던 사진들이 없어지는 것도 권력의 부침(浮沈)을 의미한다. 김일성의 두 번째 부인이던 김성애의 사진은 김정일이 1974년 후계자로 내정되면서 방송과 출판물에서 사라지기 시작하고 생모 김정숙의 사진이 그 자리를 대체한다. 또한 1967년 반당·반혁명분자에 대한 숙청이 이뤄진 후 김정일은 "학습실에 전시된 사진들에 나쁜 놈들이 끼여 있지 않은가 하는 것을 잘 보아야 하겠습니다"라고 지시한다.

김정일은 1974년부터 북한에서 후계자로 추대되어 활발한 정치 활동을 했지만, 1980년 제6차 당대회에서 공식 후계자로 선포된 이후에야 신문 지면을 통해 얼굴을 드러냈다. 김정일은 1980년 10월 12일자 ≪노동신문≫ 2면 "조선로동당 제6차 대회 주석단" 사진을 통해 처음으로 외부 세계에 얼굴을 알렸다. 게다가 1994년 7월 김일성이 사망할 당시까지 그는 한 번도 사진의 주인공으로 ≪노동신문≫ 1면에 얼굴을 비춘 적이 없다. 가끔씩 아버지와 함께 있는 모습이 보일 뿐이었다. 김일성의 사망 후에도 이른바 유훈통치 기간이었던 3년 동안은 신문을 통해 김 위원장의 얼굴이 많이 보이지 않았으며, 설령 나온다 하더라도 최고권력자의 이미지가 아니라 유훈통치의 계승자

≪노동신문≫ 제호의 '동'과 '신'이 지면의 정 가운데며 김일성 생전에는 이런 사진에서
대형 초상화가 정 가운데 있었지만 김정일의 시대가 된 후에는 약간 옆으로 밀렸다(≪노동신
문≫, 1996년 1월 20일자).

정도의 이미지로만 나타났다.

북한에서 김정일이 실질적인 최고지도자로 등극한 것은 김일성의 3년상이 끝난 1997년부터다. 이때부터 김정일의 얼굴을 그린 초상화도 신문에 게재되기 시작했다.

이렇게 북한 신문에 게재되는 사진을 살펴보는 것은 북한 유일체제의 형성과정을 이해하고 북한 인민들이 정치지도자에 대해 갖는 인식을 해명하는 데 유용한 방법 중 하나라고 할 수 있다.

03. 죽은 아버지의 사진이 아들의 권력을 엄호하다

북한의 권력체계는 1994년 김일성 사망을 기점으로 해서 큰 변화에 직면한다. 김일성 사망이 곧바로 김정일 유일지도체계 공고화를 의미하는 것은 아니었다. 이를 위해서는 김정일에 대한 신화화 과정이 필요했다. 사진은 이러한 북한 권력계승 과정에서도 활용되었다.

사진은 논리적인 설명이 안 되는 상황에서 설득의 힘을 발휘할 수 있다. 주창윤 박사는 "사진 등 영상 언어가 지니고 있는 모호성 혹은 비결정성은 시각적 주장을 용이하게 만든다. 따라서 논리적으로 설명되지 않는 요소가 영상 언어로 표현될 때 자연스럽게 연결될 수 있다"고 말한다.

김일성 사망 직후 3년간의 ≪노동신문≫ 사진에 대한 내용분석을 해보면, 북한은 '김정일은 위대한 수령과 등가의 인물'이라는 명제를 증명함으로써 김정일 후계체제를 정당화하려 시도했다. 이때 생전의 김일성의 모습을 반복적으로 보여주면서 그 중간 중간에 김정일의 모습을 끼워 넣고 마지막에는 김정일의 모습을 반복적으로 보여주는 방법을 사용했다.

김정일이 북한에서 후계자로 거론된 때가 1974년이지만 1994년 김일성 사망 시점에도 후계체제는 완벽하게 정립되지 않았다. 또한 김일성 생존 시에 김일성-김정일의 동일시 과정이 있기도 했지만 완벽하지 않았으므로 김일성 사후에 김정일 체제의 정당성을 설득하는 일의 필요성은 계속 존재했다. 그리고 그러한 불안정한 시기는 김일성 사후 3년이 되는 1997년 하반기에 끝난다. 그 과정에서 북한은 김일성의 사진을 활용해 김정일 체제를 정당화하려고 노력했다. 간단하게나마 그 정당화 과정을 살펴보자.

김일성 사망 직후인 1994년 7월과 8월에는 신문에 김일성의 사진이 집중적으로 게재되다가 1994년 9월부터 1995년 5월까지는 거의 사라진다. 이때 김정일의 단독 사진만이 10일에 한 번꼴로 게재된다. 이것은 김일성 사망 직후 북한이 통일·단결의 구심점을 김일성에서 김정일로 신속하게 전환시키려 했던 것으로 해석할 수 있다. 신문에서 김일성의 얼굴이 사라지고 김정일의 얼굴이 나타나는 현상은 1995년 6월까지 이어진다. 1995년 6월에는 다시 김일성의 사진이 집중적으로 게재되다가 7월부터는 본격적인 '김일성 이미지에 김정일 덧씌우기'가 시작된다. 1995년 7월 1일부터 이해 말까지 ≪노동신문≫에는 김일성과 김정일이 함께 나오는 사진, 즉 '2숏(shot)' 사진이

김일성 사망 후 3년간 북한은 유훈통치에 들어간다. 김정일의 단독사진보다는 김일성과 김정일이 함께 등장하는 '2숏' 사진을 반복하여 게재하면서 '김일성 이미지에 김정일 덧씌우기' 작업이 진행된다(≪노동신문≫, 1998년 4월 14일자).

본격적으로 게재된다. 그 횟수는 7월에 12회, 8월에 30회, 9월에 25회, 10월에 20회, 11월에 24회, 12월에 24회다. 1개월 동안 매일 게재된다고 할 때의 횟수가 30회 또는 31회이므로 빈도가 아주 높은 셈이며, 이렇게 빈도가 높다는 것은 누군가의 '의지'가 작용하고 있다는 것으로 해석할 수 있다. 하지만 이러한 경향은 1996년 2월부터 평균 4회 정도로 급감한다. 그러면서 김정일의 단독사진이 월 평균 2~3회씩 등장한다.

'김일성 이미지에 김정일 덧씌우기'는 1996년 2월부터 점차 수그러들며 1997년 1월부터는 김정일의 사진이 김일성의 사진 또는 '2숏'보다 많아지기 시작한다. 이미지 덧씌우기를 통해 시도되었던 권력의 안정적 계승이 3년 만에 마무리된 것이다.

04. 그것을 '1호 사진'이라고 한다

북한에서는 특히 최고지도자의 얼굴을 신문에 많이 싣는다. 또한 북한은 세계적으로 유례를 찾아볼 수 없을 만큼 정치지도자의 얼굴을 사회 곳곳에 많이 걸어두고 있다. 관공서와 학교를 비롯해 각 가정마다 김일성과 김정일의 초상화가 걸려 있다. 외출복의 왼쪽 가슴 부분에도 초상화가 그려진 배지를 달고 있다.

북한은 김일성과 김정일의 얼굴을 촬영한 사진을 '수령님의 영상', '수령님의 영상사진', '수령영상촬영', '수령의 영상이 모셔진 사진'

등으로 다양하게 부른다. 언론학 교과서 등에서 사용하는 공식적인 표현은 '영상사진'이다.

그러나 탈북자들에 따르면 일반 인민들은 그 사진을 '1호 사진'이라고 부른다. 김일성종합대학 출신의 탈북자 A 씨(39세)에 따르면 북한에서는 김일성과 김정일의 사진을 '1호 사진'이라고 부른다. 북한 통일전선부 소속으로 있다가 2004년 탈북한 B 씨(34세)도 이에 대해 동일한 증언을 하고 있다. 김 주석과 김 위원장이 독점적으로 사용하는 도로를 '1호 도로'라고 하거나, 전용열차를 '1호 열차', 관련 배우를 '1호 배우', 관련 행사를 '1호 행사'라고 부르는 것과 같은 맥락이다. '1호 사진'이라는 표현은 북한의 사진기자 사이에서도 광범위하게 사용되었다. 평양에서 만난 사진기자에 따르면, 북한 사진기자들은 최고지도자에게 숫자를 붙인다는 것이 부담스러워 1980년대 말 이후부터는 '1호 사진'이라는 표현을 거의 사용하지 않는다.

북한 신문에 게재하는 '1호 사진'에는 각종 기념사진과 현지지도 사진, 초상화 등이 포함된다. 북한의 저널리즘 교재는 '1호 사진'을 '당과 수령의 혁명활동 보도자료' 중 하나로 분류하며 정치·사상 교양자료 가운데 특별히 중요한 의의를 갖는다고 설명하고 있다. 그리고 사진보도자료들을 이용하는 경우 "정치적 중요성이 있는 만큼 최대한 밝고 정중하게, 무게 있게 다루는 것이 철칙이다"라고 규정하고 있다.

북한에서 게재되는 신문 사진의 특징이자 사회주의 선전선동 및 교육의 핵심 방법은 바로 반복이다. '1호 사진'은 동일한 현장은 아니

북쪽 사람들은 자신들의 왼쪽 가슴에 단 '휘장'을 손가락으로 가리키면 화를 낸다.
수령의 얼굴은 손바닥을 펴서 가리켜야 북쪽 에티켓에 맞다.

지만 동일한 콘셉트와 동일한 앵글로 반복해서 지면에 게재된다. 그 반복 때문에 우리가 북한의 ≪노동신문≫을 처음 보면 낯설고 지루하게 느껴진다. 심리적인 거부감은 처음 몇 번에만 작용한다. 익숙해지면 비판의식 없이 보게 되며 더 이상 따지지 않게 된다. 드라마를 따지면서 보지 않듯이 신문 사진도 따지지 않고 보게 되는 것이다. 북한 사람들은 가정과 사회 곳곳에서 매일 '1호'의 얼굴을 보고 있다. 이미 1980년대 후반에 북한 전역의 김일성 기념물은 최소한 3만 4,000개가 넘었다고 한다. 또한 ≪노동신문≫의 경우 6면에 불과하지만 김 위원장의 사진이 10장씩 실리는 경우도 있으며, 1995년 6월에는 1년 전 사망한 김일성 주석의 사진이 22일간에 걸쳐 게재되기도 했다.

05. 신문에 얼굴이 나와야 출세한다

남쪽 사람도 마찬가지지만 북한 사람들은 얼굴을 중요시한다. 체면을 중요시하던 유교문화의 영향이 아닐까 싶다. 세계 어느 나라 신문보다 사람의 얼굴이 많이 실리는 것이 북한 신문이다.

북한에서 신문에 얼굴이 나오는 것은 중요한 의미를 갖는다. 특히 영화를 전공한 한 탈북자의 증언에 따르면, 김일성·김정일과 함께 찍은 사진이 있을 경우 그 사람이 나중에 진급을 하거나 중요한 직책으로 옮기려고 할 때 많은 어드밴티지를 얻을 수 있다고 한다.

외국 귀빈들이 방북하면 반드시 신문에 게재한다. 환대의 의미다. 1987년 6월 8일자 ≪노동신문≫ 4면에는 평양에서 열리는 개발도상국 회의에 참석하기 위해 방북한 각국 대표단의 사진이 실렸다. 총 43장. 대부분 가나 공화국 대표, 세계식량계획 대표 등 평양 순안공항에 내린 대표단을 전신 촬영한 사진이었다. 신문 한 면 전체가 사진으로 채워진 것이다. 6월 9일자 4면에도 동일한 주제의 사진이 실렸다. 총 52장이며 사람 수로는 183명이다. 조선노동당 제6차 대회 경축행사를 다뤘던 1980년 10월 9일자 신문에는 88장의 외교사절단 사진이 게재되었다.

1989년 6월 22일자 ≪노동신문≫ 1면에는 당중앙위원회 정치국 상무위원회 위원들과 김일성의 기념사진이 실렸는데, 총 520명의 얼굴이 찍혔다. 사실 520명이 한 장의 사진에 들어간다면 개개인의 얼굴은 알아보기조차 힘들다. 그렇지만 얼굴을 신문에 실어준다는 사실 자체가 중요하기 때문에 이런 종류의 사진을 싣는 것이다.

2002년 9월 24일자에는 '제14차 아시아 경기대회 참가선수단'의 평양공항 기념사진이 실렸다. 북한의 고려항공 소속 여객기 앞에 3줄로 선 130여 명의 선수들을 찍은 사진이 가로 18cm에 세로 6.3cm 크기로 실린 것이다. 좁은 지면에 너무 많은 사람들의 얼굴을 넣다 보니 누가 누구인지 분간할 수가 없고, 235cm의 장신 농구선수인 리명훈 선수만 알아볼 수 있었다. 그래도 북한 신문은 기념사진을 아주 좋아한다. 필자가 2007년 석사학위논문(북한대학원대학교·구 경남대학교 북한대학원)으로 제출한 「북한 '1호 사진'의 변화」에 따르면 김정일 위원장이 등장하는 사진 중 기념사진의 형태는 34%로 1위를 차지한다.

신문에 얼굴이 나면 영광으로 알 것이라는 김일성의 언급이 있다. 조선노동당출판사에서 1979년 발간한 『김일성 저작집』 4권에 보면, 김일성은 인민군 신문 관계자들과 이야기를 하면서 "우리 군인들 가운데는 해방되는 날까지 자기 이름조차 똑똑히 못 가지고 착취와 억압을 받아온 사람들이 많습니다. 이런 동무들이 신문에 자기 사진 과 이름이 크게 난 것을 본다면 그들은 자기 조국을 더욱 열렬히 사랑하게 될 것이며 조국과 인민을 위하여 목숨 바칠 각오와 결의를 가다듬고 군사복무에 더욱 충실할 것입니다"라고 말하고 있다. 북한 신문이 기념사진을 많이 싣는 것이 이 언급 때문이라고 단정할 수는 없지만 이것이 어느 정도 영향을 미쳤을 것이다.

1995년 발행된 사진집 『당의 향도자』 중 <대해 같은 사랑의 품으로>에 나오는 대목도 흥미롭다. "서재에서 집필사업을 하고 있는 후보원사이며 박사인 리원경 선생" 사진 아래에는 "1985년 10월 25일, 조선로동당 출판사 일군들은 출판사 창립 40돐을 맞으면서 위대한 수령님과 경애하는 김정일 장군님을 모시고 기념사진을 찍는 무상의 영광을 지니었다. 그런데 당시 이 출판사 론설원이였던 리원경은 일부 일군들의 편협한 태도로 하여 기념사진촬영에 참가하지 못하였다. 위대한 령도자 김정일 동지께서는 이 사실을 보고받으시고 일부 일군들의 그릇된 처사를 나무람하시면서 그의 아픈 심정을 헤아리시여 그로부터 얼마 후인 1985년 12월 어느 날 위대한 수령님을 모시고 전국의 유명한 과학자, 발명가들이 기념촬영을 하는 영광의 자리에 리원경을 불러주시고 맨 앞줄 가운데자리에 서도록 해주시였다. 지금 그는 위대한 령도자 김정일 동지의 크나큰 믿음과 사랑으로 김일성종합대학에서 과학연구사업과 교수교양사업에 모든 정력과 지혜를 다 바치고 있다"고 씌어 있다. 북한에서 최고지도자와 사진을 함께 찍을 수 있느냐 없느냐 하는 것은 개인의 명예와 직업에도 중요한 의미가 있다.

06. 연출사진이 많다

김일성 사망 후 처음 맞는 김정일의 생일인 1995년 2월 16일. 김일성 경기장에서 '청년전위들의 충성의 맹세모임'이 개최된다. 화면 앞쪽에는 두 대의 지프차가 군중 앞을 지나가는 듯한 모습이 보이는데, 오른쪽 차량에는 김일성 초상화 깃발이 꽂혀 있고 왼쪽 차량에는 김정일 초상화 깃발이 꽂혀 있다. 김정일의 사진과 김일성의 사진은 모두 화면 끝선에서 7cm씩 떨어져 있다. 이 사진은 우연히 찍힌 것이 아니라 철저한 연출사진이다. 초상화 깃발이 꽂혀 있는 차량의 뒷트렁크 위에는 구두를 신은 사람이 각각 1명씩 올라가 깃발을 붙잡고 있다. 깃발의 얼굴이 구겨지지 않고 잘 보이게 하기 위해서다. 카퍼레이드처럼 보이는 사진이지만 차는 움직이지 않는 상태다. 정지된 상태의 '미디어 이벤트'인 것이다.

대규모 군중 행사장에 등장한 김일성·김정일 사진. 깃발이 흔들리면 얼굴이 구겨진다. 그래서 생각해낸 것이 카퍼레이드 차에 올라가서 깃발의 끝을 잡는 방법이다(조선중앙통신, 2005년 2월 28일).

　그리고 이 사진의 주인공은 김정일의 얼굴이다. 군중 속에 "위대한 령도자 김정일 장군님을 결사옹위하는 총폭탄이 되자(플래카드 1)", "위대한 수령 김일성 동지는 영원히 우리와 함께 계신다(플래카드 2)"는 플래카드 두 개가 보인다. 플래카드 1은 플래카드 2에 비해 앞쪽에 있어 김정일이 김일성보다 부각되어 보인다. 가로 27.7cm의 이 사진의 정 가운데인 13.85cm에는 플래카드 1의 '장군님' 글자가 지나가고 있다. 철저하게 계산되고 연출된 사진인 것이다.

　수천 명의 인원이 참가한 집회에서 한 장의 사진을 위해 이 정도 연출을 한다는 것은 남측 사진기자로서는 상상도 할 수 없는 일이다. 아마 광고 촬영이라면 가능할 것이다. 하지만 북한에서는 합리적인 이유가 있기 때문에 이러한 연출을 허용한다.

　신문 사진에서 연출은 필수 불가결하다. 연출은 보통 사람들도 사진을 찍을 때 다 하는 행위라고 할 수 있다. 친구끼리 사진을 찍어주면서 시선을 유도한다든지 포즈를 상의한다든지 배경을 고른다든지 하는 고려들이 모두 연출이다. 없는 사실을 만들어내는 '날조'가 아니라 '현실 재구성'과 '정돈'의 개념이라면 연출은 무방하다. 그래서일까? 필자는 ≪노동신문≫ 사진의 대부분에서 '연출'을 느끼지만 사실 별로 거부감을 느끼지 않는다. 다만 위의 사례처럼 '너무 강한' 연출에 놀랄 뿐이다.

　≪노동신문≫에 나타난 김일성의 사진은 1966년 초까지는 일상적인 지도자의 모습이었다. 즉 외교활동 사진, 현지지도 사진, 회의장의 주석단 사진 등이다. 1966년 초까지 북한 신문에 간혹 연출사진이

실리기는 했지만 대체로 자연스러운 사진이 실렸다. 건국 초기 북한이 표본으로 삼았던 구소련의 신문 사진과 큰 차이가 없었다. 그러다가 1966년 10월을 기점으로 일상적인 지도자의 모습을 뛰어넘는 새로운 이미지의 사진들이 게재된다.

1967년 10월 13일자 ≪노동신문≫ 1면에 게재된 "만경대 혁명학원에서" 사진에는 가운데에 김일성, 왼쪽에 남학생, 오른쪽에 여학생, 이렇게 세 명이 웃으며 나란히 걷고 있는데, 이것은 '인민의 아버지'라는 느낌을 주기 위해 연출된 상황이다. 이전에도 '어린이와 함께 있는 김일성 장군'의 사진들이 있었지만 실제 행사를 포착한 사진이었다. 이 시기를 북한 신문에서 연출 사진이 본격적으로 나타난 시기로 보아도 무방하다.

07. 권위 있는 표정만 보여준다

2007년 10월 2일 오후 12시 10분, 북한을 방문한 노무현 대통령 일행은 평양 4·25문화회관에서 김정일 위원장의 영접을 받았다. 공식 일정으로는 그보다 몇 시간 후에 영빈관에서 두 정상이 만나기로 했지만 김 위원장의 파격적인 행보는 지난 2000년 김대중 대통령을 영접했을 때와 마찬가지로 이번에도 이어졌다. 하지만 12분간의 영접 행사 동안 노무현 대통령을 대하는 김정일의 표정은 너무나 딱딱하고 형식적이었다. 남한으로 생중계된 이 장면을 보고 우리나라를 비롯한 외국의 언론들은 김정일의 건강에 문제가 있다고 말하기도 했고, 나이 어린 노무현 대통령에 대해 기선을 잡기 위한 행동이라고 분석하기도 했다. 하지만 남측은 이튿날인 10월 3일 공식회담 전후에는 부드럽고 유머러스한 김 위원장의 모습에 다시 놀랐다. 지난 2000년 김대중 대통령과의 제1차 정상회담 때와 마찬가지의 모습으로 돌아온 것이었다.

하룻밤 사이에 노무현 대통령과 남측 대표단을 대하는 김 위원장의 태도에 왜 이렇게 큰 변화가 생긴 것일까? 그것은 남측과 북측의 신문과 방송 체계가 전혀 다르기 때문이다. 4·25문화회관 주변에는 평양 시민 수만 명이 양국 정상의 만남을 지켜보고 있었다. 김 위원장은 엄숙한 표정을 지었으며 평양 시민은 그들의 지도자가 섣불리 다가갈 수 없는 존재임을 다시 확인했다. 그리고 이날 김 위원장의 남한 대통령 영접 소식은 그로부터 5시간 후인 오후 5시 10분 북한 TV 뉴스를 통해 북한 시청자들에게 전해졌다. 남쪽에서 온 손님을 환대하는 김 위원장의 '정중한 모습'이 화면을 채웠다.

제2차 남북정상회담 당시 언론관계를 담당한 서영교 전 청와대 보도지원비서관 겸 춘추관장은 2008년 2월에 발행된 계간지 ≪사진기자≫ 2007년 가을/겨울 합본호에 기고한 글에서 이렇게 밝혔다.

북측 호위 총사령관은 "전속 외에는 국방위원장을 취재할 수 없다. 모두 전속이 촬영해 전달하는 것이 원칙이다. 그 이외는 있을 수도 없고 그렇게 한 적도 없다. 국방위원장의 목소리를 들어본 적이 있느냐"라

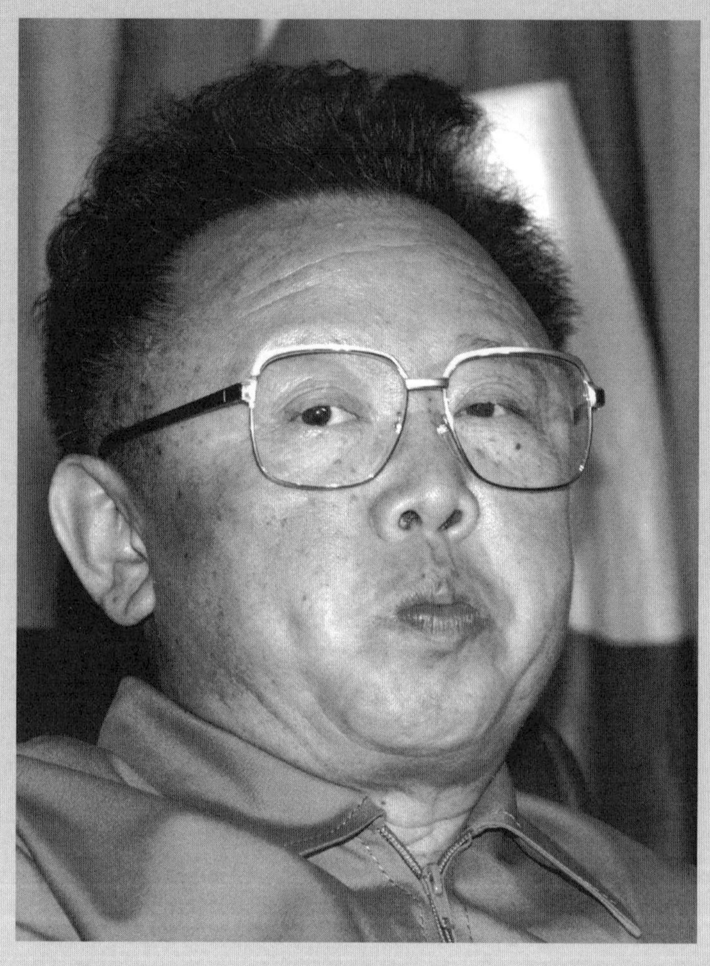

2002년 8월 23일 러시아 푸틴 대통령과 환담하던 김정일 위원장의 우스꽝스런 표정을 AFP 사진기자가 포착해 전 세계로 전송했다. 북한 내에서는 도저히 존재할 수 없는 사진이다.

고 원칙을 주장했다. …… 우리 측의 집요한 설득이 북측 호위사령관의 마음을 움직였고 결국 국방위원장의 목소리를 카메라에 담을 수 있었다.

북한 경호 책임자의 기억과 상식으로는 북한 언론을 통해 김 위원장의 육성이 인민들에게 직접 전달된 적도 없고 그렇게 해서는 안 되는 것이었다. 북한 사람들은 농담을 건네고 실없이 웃는 듯한 지도자의 모습은 본 적이 없다. 대중 매체를 통해 그런 모습이 전달되지 않기 때문이다. 최소한 북한 매체를 통해서는 김정일은 공개석상에서 연설이나 보고를 한 적이 없다. 북한 인민들이 그의 육성을 들은 것은 1992년 건군 60주년 군사 퍼레이드가 펼쳐질 때 김정일이 단상 위에서 "조선인민군 장병들에게 영광 있으라"고 말한 것이 유일했다. 2007년 제2차 남북정상회담 이틀째 일정인 정상회담 직전 농담을 건네며 환하게 웃은 김 위원장의 모습은 북한 방송에서는 보이지 않았다. 북한 방송은 화면 없이 아나운서의 멘트와 사진으로만 관련 소식을 전했다. 결국 김 위원장은 남측에서 올라간 카메라를 향해서만 웃음을 보여준 것이다. 같은 날 권양숙 여사가 북한의 박물관을 참관한 일이 동영상과 함께 보도된 것과는 대조적이다. 김정일의 웃는 모습은 북측 사람들에게는 보이지 않았고 남측과 세계 각국의 사람들에게만 보였다. 남과 북은 정상회담이라는 똑같은 정치적 대사건을 서로 다른 화면으로 보고 있었다.

08. 김정일보다 크게 나오는 사람은 없다

한때 우리나라 신문의 2면은 대통령의 지면이었다. 최소한 사진은 그랬다. 전두환, 노태우, 김영삼 대통령 시절까지만 해도 2면에는 거의 매일 대통령의 동정을 알리는 2단(신문은 총 7단이다)짜리 사진이 들어갔다. 대통령이 휴가 중이거나 해서 특별한 사진을 만들지 못한 날이면 총리가 그 자리를 차지했다. 혹자는 이 지면을 골드 박스(gold box)로 표현하기도 했다. 그러던 것이 김대중 대통령 이후로는 대통령 사진의 빈도가 줄어들고 있다. 대통령뿐만 아니라 정치지도자의 얼굴은 신문에서 점점 사라지고 있다. 작게 보면 대통령이 신문사에 미치는 영향이 줄었다고 볼 수 있고, 크게 보면 복잡다양해진 사회에서 정치지도자의 역할이 줄었다는 방증일 수 있다.

남한 사회에서는 신문 지면에 얼굴이 대통령보다 크게 실리는 사람이 많다. 좋건 나쁘건 우리 사회에 영향을 끼치는 사람들의 얼굴이다. 정치인에 과학자, 종교지도자, 사회적 의인, 경제인, 범죄인 등등. 사회는 공동의 책임으로 유지되고 있으며 다양한 얼굴이 신문의 중요 지면을 차지하고 있다.

《노동신문》에 김일성과 김정일보다 큰 크기의 얼굴이 실리는 일은 없다. 인물이 포함되어 있는 가장 큰 사진은 항상 김일성과 김정일의 것이다. 김 부자를 제외한 북한 정치인의 얼굴이 1면에 나오는 경우도 거의 없다. 게재하더라도 1면 하단에 작은 크기로 게재한다. 현재 북한 사회를 책임지는 얼굴은 김일성·김정일 부자

2007년 10월 30일, 북한을 방문한 중국 공산당 지도자를 만난 김정일 위원장. 이 사진은 중국의 통신사인 신화사 사진기자가 촬영한 것이다. 북한 사진기자들이 촬영한 사진 중에는 이처럼 김 위원장이 작게 표현되는 경우가 없다.

이외에는 없다.

외국 정상을 만나 악수하는 사진을 싣더라도 주인공은 북한 지도자다. 북한의 4대 일간지라 할 수 있는 ≪노동신문≫, ≪민주조선≫, ≪청년전위≫, ≪평양신문≫은 2007년 10월 3일자 1면에 노무현 대통령과 김정일 국방위원장의 만남을 머릿기사로 일제히 보도했다. 헤드라인도 "로무현 대통령 평양 도착 …… 위대한 령도자 김정일 동지께서 로무현 대통령을 맞이하시였다"로 거의 비슷했다. 이는 통제사회인 북한에서는 당연한 일이다.

관심을 끄는 것은 이들 신문에 실린 메인 사진(노 대통령과 김 위원장이 첫날 4·25문화회관에서 처음으로 만나 악수하는 사진)의 촬영 각도다. 7년 전 제1차 남북정상회담 당시 김대중 대통령과 김 위원장이 순안 공항에서 만나 악수할 때 찍어 ≪노동신문≫에 게재한 사진과 촬영 각도가 너무나 똑같다. 두 사진 모두 노 대통령이나 김 대통령보다는 김 위원장의 얼굴이 더 잘 보이는 각도에서 찍었다. 김 위원장의 권위를 높이기 위한 배려임을 쉽게 알 수 있다. 이는 두 정상의 얼굴이 거의 비슷한 비율로 보이는 사진을 선택한 남쪽 신문의 보도 태도와는 차이가 있다.

09. 북한에서 사진을 통제하는 사람은 누구인가

사진은 일반적인 상식과는 달리 완벽한 진실을 표현하지 않으며 정치적으로 활용할 수 있다는 특징을 갖기 때문에, 권력은 가능하다면 사진을 통제해 권력의 정당성을 확보하고 그것을 유지하는 데 이용하려고 한다. 북한에서 사진은 주제나 소재, 유통까지도 국가에서 관여할 뿐만 아니라 최고지도자의 큰 관심을 받는다.

북한은 예술의 목적성(사회주의 혁명 및 건설 과정에서 일정한 역할을 하는 문학예술이어야 한다는 명제)을 강조하면서 사진가들을 조직의 형태로 묶어 관리해왔다.

북한에 사진가 조직이 처음 등장한 것은 1946년 10월이다. 북조선문학예술총연맹(문예총)이 처음 조직된 후 산하 조직으로 북조선사진동맹이 결성되었다. 김일성 사진이 ≪노동신문≫에 처음 게재된 것도 비슷한 시기다. 사회주의 혁명 후 문화 역량의 일부로서 사진가들을 조직화한 사례는 러시아 혁명 때도 있었다. 1917년 러시아에서 볼셰비키 혁명이 일어난 지 두 달 후 인민계몽위원회에 사진과 영화를 대상으로 하는 시각예술분과가 설치되고 강의가 개설되었으며 사진연구원이 출현했다. 1918년 당은 정치적인 사건들을 기록하기 위한 특별 사진 르포르타주 분과를 설립했다. 레닌은 사진가들에게 혁명을 알리고 교육하고 선전하라는 공식적인 임무를 부여한다.

1953년 한국전쟁이 끝난 후, 북한 문예총이 축소되면서 사진가동맹은 잠시 사라졌다가 1961년 2월 김일성의 교시에 따라 문예총을 재건하면서 조선사진가동맹으로 재편하여 오늘에 이르고 있다.

문예총에는 작가동맹, 음악가동맹, 미술가동맹, 건축가동맹, 영화인동맹, 연극인동맹, 사진가동맹 등이 있다. 1972년판 『문학예술사전』은 문예총의 기능과 역할에 대해 이렇게 표현하고 있다. "문예총은 결성된 첫날부터 경애하는 수령님의 강령적 교시들을 높이 받들고 문학예술활동에서 주체를 철저히 세우고 작가, 예술인들을 당의 유일사상으로 철저히 무장시키며 혁명화·노동계급화하는 사업을 적극 벌이는 한편, 당 문예정책 관철을 위하여 힘 있게 투쟁함으로써 우리 혁명의 요구와 우리 인민의 지향을 훌륭하게 반영한 사회주의적 문학예술을 발전시키는 데 크게 이바지하였으며 또 이바지하고 있다." 예술을 국가적으로 통제되는 선전도구로 규정한 것이다.

1961년 1월 23일 평양 조선기록영화촬영소 회의실에서 조선사진가동맹 결성식이 열렸다. 이날 결성대회에서는 선거를 통해 동맹 중앙위원회 위원을 선출하고 중앙위원회 1차 회의를 통해 고룡진 위원장과 리대영 부위원장, 리창규 서기장을 선출했다. 흥미로운 사실은 선출된 3인의 간부가 이미 ≪노동신문≫을 통해 알려진 사진작가 또는 사진기자라는 점이다. 리대영은 한국전쟁 때부터 ≪노동신문≫의 정식 사진기자였으며 1961년 1월 동맹 결성 당시에는 김일성 사진을 주로 찍는 사진기자였다. 리창규도 ≪노동신문≫ 사진기자로서 사진 몽타주를 전문적으로 작업하고 있었다. 고룡진은 사진작가로 한국전쟁 당시 종군하며 보도 사진을 게재했다. ≪노동신문≫ 사진기자들을 중심으로 결성된 사진가동맹은 당 기관지인 ≪노동신문≫ 사진의 미학관과 목적의식성을 전체 사진가들에게 전파하고 강제하는 역할을 하게 되었다. 또한 사진가동맹은 회원들이 촬영한 사진을 선별해 ≪노동신문≫ 등에 게재하기도 하며 각종 사진 공모전을 통해

베트남을 방문한 북한 김영일 내각 수상이 의장대 사열을 받고 있다. 영화를 전공한 탈북자의 증언에 따르면 1980년대 초 김일성이 북한 인민군의 사열을 받는 장면이 생방송되었는데, 카메라가 위치를 잘못 선정하는 바람에 김일성의 얼굴을 총검이 지나가는 화면이 방송되었다. 이 사고 이후 북한에서는 생방송이 사라졌다(로이터통신, 2007년 10월 27일).

'올바른' 사진 형태를 제시했다.

2001년 현재 조선사진가동맹은 문예총 중앙위원회의 지도를 받는 동시에 정무원 문화예술부 사진과와 직접적인 관련을 맺고 있다. 조선사진가동맹은 조직체계로 중앙위원회에 보도사진분과, 예술사진분과, 평론분과를 두고 있다.

북한 당국의 신문에 대한 통제방식은 중국식보다는 구소련식 모델을 따르고 있다. 구소련에서 신문은 공산당의 선전선동부와 정부의 글리블리트(문학최고출판관리국)가 이중통제하는 방식을 취하고 있었다. 북한 신문도 노동당 중앙위원회 선전선동부 신문과와 정무원 직속의 출판총국을 통해 이중통제를 받고 있다.

북한은 사진가동맹을 통해 각지에 흩어져 있는 사진가들을 조직화하고 사진 문화 전반에 대한 사회주의적 개조를 시도하는 한편, 언론정책의 확립을 통해 정치 사진의 틀과 방향을 제시했다. 언론정책의 방향은 주로 김일성과 김정일의 담화 및 발표문을 통해서 제시했으며, 특히 1967년 5월 당 중앙위원회 4기 15차 전원회의를 통해 사상·선전 분야의 인사들을 숙청하고 김정일이 당의 선전 분야를 장악하면서 40여 년간 일관성을 유지했다.

신문에 게재하는 사진의 촬영법과 편집 방법에 대한 가이드라인은 1973년 김정일 명의로 발표된 책『영화예술론』과 1974년 역시 김정일 명의로 발표된 논문「우리 당의 신문매체와 출판물은 전 사회를 김일성주의화하는 데 공헌하는 강력한 사상적 무기이다」, 그리고 1985년 발간된『출판보도사업에 대한 당의 방침 해설』등을 통해 제시하고 있다.

북한 신문의 통제과정은 대체로 3단계 과정을 거쳐 이뤄지는데, 1차적으로는 신문사 자체에서 내부적으로 검열 및 통제를 하고 2차적으로는 정무원 소속의 출판총국에서 검열하며 최종적으로는 노동당 선전선동부의 사후 통제를 받는다. 특히 《노동신문》에서 김정일의 취재를 전담하는 '본사정치보도반'은 가장 강력한 통제를 받고 있는 것으로 추정된다. 해당 사진기자들은 조선사진가동맹과 조선기자동맹 사진분과위원회 등 외부 단체에도 중복 소속되어 또 다른 통제와 재교육을 받는다.

2장
김일성의 혹을 가려라

김일성은 항상 다리를 30cm 벌리고 뒷짐을 진 채 몸을 약 10도 정도 오른쪽으로 틀어 왼쪽 어깨를 약간 앞으로 내민다. 이렇게 함으로써 오른쪽 목 뒤의 혹은 자연스럽게 가려진다. 북한 신문 사진에서 김일성의 혹은 이렇게 숨겨졌다.

01. 가운뎃선의 비밀

남쪽 사진기자들이 대통령을 촬영할 때 어떤 원칙을 갖고 촬영하는지 정리해놓은 사진집이나 해설서는 아직 없다. 개별 기자들이 각자 나름의 방법과 원칙을 세워 촬영에 임하고 대통령이나 정치인들이 만들어내는 '현장에 순발력 있게 대응하는 것'이 촬영 원칙일 수도 있다. 복잡한 만큼 촬영 기법을 일반화 또는 단순화하기는 어렵다.

하지만 북한은 '1호 사진' 촬영기법에 대해 비교적 구체적으로 정리해왔다. 신문 사진을 포함한 북한 언론은 김정일이 제시한 기본 지침 위에서 움직이고 있다.

김정일이 1974년 5월 발표한 논문 「주체적 출판보도 사상」은 조선노동당이 1985년 발간한 『출판보도사업에 대한 당의 방침 해설』을 통해 구체적인 지침으로 정리되었으며, 이후 북한 언론 정책의 기본 지침으로 활용되고 있다. '방침 해설'로 알려진 이 지침서는 김정일이 1974년에 제창한 것과 마찬가지로 북한에 존재하는 모든 출판보도물의 성격을 "새 형의 주체적 출판보도물이며 영광스러운 김일성 주석의 혁명적 출판보도물"임을 재확인하면서, 이른바 주체적 출판보도물의 기본 사명과 임무, 출판보도 활동에서 견지해야 할 근본 원칙 등을 자세하게 규정했다. 이 책은 사진과 관련해서 "위대한 수령님과 친애하는 지도자 동지의 영상을 언제나 사진화면의 중심위치에 모셔야 하며, 수령님과 지도자 동지께서 사업하시는 주위환경도 존엄성 있게 반영하여야 한다. 이와 함께 위대한 수령님과 친애하는 지도자

동지의 영상을 모신 사진은 자그마한 티도 없이 밝고 선명하게 하여야 한다"고 규정하고 있다. 북한 '1호 사진'을 특별하게 만드는 방법으로 '화면 중심에 위치'시키거나 '밝은 톤으로 촬영'하는 방법이 제시되고 있는 것이다.

이 중 가장 중요한 항목은 '사진화면의 중심위치'다. 북한 사진에서 가운뎃선에 위치한 인물은 주인공을 의미한다. 다시 말해 여러 사람과 함께 사진을 찍을 경우 주인공이 반드시 가운데에 오도록 하는 것이다. 김일성 생전에는 화면의 중심에 항상 김일성이 있었다. 비율로 따지면 전체 사진의 80% 정도다. 김일성 사후에는 김정일의 얼굴이 지면의 한가운데에 있다. 가로의 길이가 16.5cm의 사진이라면 '1호'의 위치는 왼쪽 끝에서 7~8.5cm 정도에 정확히 위치한다. 18.1cm의 사진에서는 8.9~9.5cm에 김정일의 얼굴이 위치한다.

현지지도 사진일 경우 통상 2장을 쓰는데, 참관하는 김정일 사진 1장과 현지 모습을 담은 사진 1장을 0.5~1mm 간격을 두고 나란히 배치한다. 이때 김정일의 사진이 클 수도 있고 현지 모습 사진이 클 수도 있는데, 김정일을 화면 가운데 두기 위해 사진을 자르면서 크기에 변화가 생기는 것으로 분석된다. 어떻게 보면 주인공을 사진 가운데에 위치시키는 것이 당연하지만 일반적인 사진 구도에서는 주제가 되는 요소를 화면의 가운데에 놓지 않는다는 점에 주목할 필요가 있다. 일반적인 사진 구도는 황금분할비에 따라 화면의 가로 또는 세로를 3분할하여 배치한다. 구소련이나 중국 등 다른 사회주의 국가에서도 이런 식의 사진 촬영이 많지 않은 점을 고려하면 이는

북한 신문에서 김정일이 사진의 한가운데에
있고 양쪽에 정주영과 정몽헌 부자가 서 있다
(위).
반면 현대 아산을 통해 북한이 배포한 사진에
서 김정일은 정주영을 가운데에 세워 예의를
갖췄다(왼쪽).

북한 신문기자들이 하는 다소 의도적인 편집의 결과다. 이런 대칭구도는 성화(聖畵)나 불화(佛畵) 등 종교화에서 많이 사용하는데, 김 위원장 관련 사진의 70~80% 정도는 이런 구도로 촬영한 것이다. 우리의 경우 주요 인사의 위치를 어디에 두고 사진을 찍느냐는 중요한 고려 대상이 아니다. 오히려 주요 인사를 가운데 두는 '대칭구성'은 단조로워 보이기 때문에 피하는 편이다. 북한에서 지도자가 외빈들과 기념사진을 찍을 때는 '가운뎃선 준수' 원칙에 따라 좌우에 항상 같은 수의 인원을 배치하여 지도자가 가운데 있도록 한다.

1999년 고 정주영 현대그룹 명예회장이 방북했을 때도 김 위원장은 첫 촬영은 연장자인 정 회장을 가운데 두고 촬영하고 다음 사진은 자신이 가운데 서서 촬영했다. 남측 매체에는 첫 번째 사진을 제공했으나 북한 내부 매체에는 두 번째 사진을 게재했다.

2007년 10월 3일 노무현 대통령과의 정상회담 직전 백화원 영빈관 내 총석정 파도 그림 앞에서 기념사진을 찍을 때도 처음에는 노 대통령이, 두 번째는 김 위원장이 중앙에 앉아 남측 회담 배석자와 함께 사진을 찍었다. 다음날 ≪노동신문≫ 1면에는 이때 촬영한 기념사진이 실렸는데, 김정일 위원장의 오른쪽에는 백종천 외교안보수석, 이재정 통일부 장관, 노무현 대통령 등 3명이, 왼쪽에는 권양숙 여사, 권오규 부총리, 김만복 국정원장 등 3명이 위치해 있다.

2003년 평양 문학예술출판사에서 발간한 '주체영화이론총서' 제7권 『영화촬영』에서는 "주인공을 중심에 세운다는 것은 기하학적인 중심이 아니라 언제나 내용의 중심, 사람들이 영사막에 비쳐진 화면

을 볼 때 첫눈에 안겨오는 위치에 세운다는 것을 말한다”고 서술하고
있다. 화면 구성에서 ‘중심 개념’이 조금씩 변하고 있다는 것을 보여
준다. 하지만 아직까지는 기하학적인 중심에 더 익숙해 있는 것 같다.

02. 북한에만 있는 사진 앵글

지도자를 가운데에 세우고 사진을 찍으려는 북한의 노력은 집요하
기까지 하다. 중심에 놓기 위한 노력은 특이한 앵글들을 낳는다.
1996년 7월 9일자 ≪노동신문≫ 1면은 “김일성 서거 2돐 중앙추
모대회”를 다루며 VIP들이 서 있는 주석단의 모습을 사진(오른쪽
아래 사진)으로 실었다. 주석단 위층의 6명의 인사들과 김정일의
모습을 담은 이 사진은 우리나라 신문은 물론 북한 신문에서도
좀처럼 볼 수 없는 아주 파격적인 앵글을 보이고 있다.
이날 같은 신문 3면에 실린 전체 모습 사진을 보면 행사가 열렸던
금수산 기념궁전의 주석단은 두 층으로 나눠져 있는데, 김 위원장과
6명의 인사들은 위층에 있었다. 2층의 주석단을 촬영한 사진에서
김 위원장의 얼굴은 크고 양옆 인사들 3명씩의 얼굴은 아주 작다.
게다가 나머지 인물들과는 완전히 구분된다. 같은 줄에 서 있는 인물
중에서 유독 김 위원장의 얼굴이 크게 찍혔다는 것은 사진기자가
김 위원장 바로 앞에서 광각렌즈로 찍었다는 것을 말한다. 나란히
서 있는 다수의 인물을 광각렌즈로 촬영하면 카메라 가까이 있는

주인공을 가운데에 놓으려는 사진기자의 의도는 때로는 집요하기까지 하다. 1966년 6월 6일과 1996년 7월 9일에 시도된 특이한 앵글의 이 사진들을 촬영하기 위해서는 대형 크레인 이 동원되었을 가능성이 높다.

피사체는 더욱 크게 나오고 멀리 있는 피사체는 상대적으로 작게
나온다. 게다가 일렬로 서 있는 다수의 인물을 정면에서 촬영하면
각각의 인물 사이에 커다란 공간이 생기게 된다. 따라서 이런 방법은
특별한 미학적 효과를 노리는 때 이외에는 사용하지 않는다. 주석단
의 VIP들처럼 나란히 서 있는 다수의 인물을 찍는다면 우리나라 사진
기자는 대부분 우측 또는 좌측 측면에서 망원렌즈를 이용해 그들의
얼굴 표정만 촬영할 것이다. 인물들 사이의 빈 공간을 없앰으로써
한정된 지면에 다수의 얼굴을 보여주기에 가장 효율적이고 경제적인
앵글이기 때문이다. 하지만 북한은 김 위원장을 화면 가운데에 놓기
위해 파격적인 앵글을 사용한 것이다. 당시 김정일을 비롯한 VIP들이
서 있던 곳은 건물의 2층이므로, 이런 상황에서 김 위원장 바로 앞에
카메라를 대고 찍으려면 고가 사다리차를 쓰는 수밖에 없다. 한 장의
사진을 위해 고가 사다리차가 동원된 것이다.

액자 속 김정일도 사진 한가운데 위치한다. 2005년 1월 17일자
《노동신문》 3면에는 '김일성동지청년운동사적교양실'에서 안내
원의 설명을 듣는 학생들의 사진이 실렸다. 벽에 걸린 김일성과 김정
일의 사진 중 김정일의 사진이 3면 사진의 '가운뎃선'에 걸쳐 있다.

왼쪽과 오른쪽의 인원 숫자가 다를 경우에도 지도자를 가운데에
두려고 노력한다. 1980년 9월 25일자 《노동신문》 1면을 보자. 김일
성은 일본 《아사히신문》 대표단을 접견한다. 고토 모도를 단장으
로 하는 대표단은 모두 5명. 김일성까지 6명이 기념촬영을 해야 하는
상황이었다. 가로 23.2cm 사진의 정 가운데는 11.6cm, 왼쪽에 3명,

오른쪽에 2명을 세우고 사진을 찍은 김일성의 위치는 11.6~12.8cm 이다. 정 가운데를 걸치고 있는 것이다. 이 사진의 좌우 여백 길이에는 차이가 있다. 3명의 대표단이 있는 좌측 끝의 여백은 2.4cm이고, 우측 끝의 여백은 3.4cm이다. 좌측 대표 간의 간격은 우측 대표들의 간격보다 약간 좁다. 간격과 여백을 활용해 김일성을 가운데에 위치시킨 것이다.

재미있는 점은 종교와 관련된 그림의 경우 부처나 예수가 그림의 가운데에 위치하는 것이 일반적이라는 점이다. 그것은 '신성함'에 대한 표현이다. 사진기자의 입장에서 봤을 때, 대통령이나 정치인 등 권력을 가진 인물을 표현하는 방법으로 인물을 화면의 가운데에 둘 필요는 없다. 사진 프레임의 귀퉁이에 인물을 위치시키면서도 그 인물을 부각시키는 방법이 훨씬 안정적이고 웅변적인 화면을 만든다.

03. 통 큰 사진 편집

북한 신문 사진은 전체 지면에 비해 사이즈가 큰 것이 특징이다. 화면이 엉성하고 사진으로서 품질이 떨어진다 하더라도 '중요한' 사진일 경우 '중요한 자리'에 크게 게재한다. 또한 지도자의 얼굴 사진이 하루치 신문에 여러 번 나오는 경우도 빈번하다. 만약 외국인이 북한 신문을 보고 어색함을 느낀다면 이러한 사진 편집 방식 때문일 수 있다. ≪노동신문≫ 1980년 10월 17일자에는 김일성의 얼굴이

≪노동신문≫은 6개 면에 불과하지만 이처럼 2개 면 전체를 김 부자의 사진으로 채우는 경우가 종종 있다(≪노동신문≫, 1980년 10월 17일자).

3개 면에 걸쳐 9번 나온다. '당 창건 35돐 기념 경축행사' 참가차 북한을 방문한 소련, 독일, 일본, 모잠비크, 버마, 말가슈, 탄자니아 대표단을 접견한 후 찍은 기념사진들인 것이다.

2001년 12월 17일자에는 6개 면 중에서 김정일의 얼굴이 3개 면에 걸쳐 9번 등장한다. 김정일이 "평안북도 내 공업부문 사업을 현지에서 지도하시였다"는 보도를 하면서 1면에 3장, 2면에 5장, 3면에 5장 등 총 13장의 사진을 게재하는데, 김정일은 이 중 9장에 등장한다.

북한의 언론학 교재에는 "행사 보도기사와 함께 사진을 배합하는 경우에도 사진 매수와 크기를 행사 규모와 정치적 비중을 나타낼 수 있도록 정하게 된다"고 밝히고 있다. 북한 신문에서 사진의 크기와 빈도는 정치적 중요성과 정비례하는 것이다. 북한 신문에 실리는 김 부자의 사진은 해를 거듭할수록 수가 늘어났다. 2000년대에 와서는 1960년대에 비해 수적으로 2배 이상의 증가를 보이고 있다. 이러한 경향은 신문 1면에서 정치인의 사진이 줄어들고 있는 우리나라 신문의 흐름과 정반대라고 할 수 있다. 한양대학교 이종수 교수는 우리나라 신문의 1면 사진을 분석한 후 "1987년까지 전체 신문 1면 사진의 46%로 높은 비율을 보이던 국내 '대통령' 관련 사진이 1990년대 말에는 6.5%로 줄었으며, 반면 '일반인'과 '일반공무원' 사진의 게재율이 높아졌다"는 연구 결과를 얻었다.

북한 신문이 '1호 사진'에 할애하는 지면의 크기는 1960년대에는 전체 지면 대비 20% 미만이었지만, 1970년대 중반부터는 30% 이상으로 대폭 커진다. 이 시기는 북한에서 김정일이 주체적 언론관을 처음으로 발표한 시기다. 이러던 것이 김정일 시대에 와서는 지면의 약 40%가량을 차지하고 있다. 물론 김정일의 사진이 매일매일 실리는 것은 아니고 한 달에 4회에서 10회 정도 실리는데, 게재할 때마다 해당 지면에서 차지하는 비율이 그렇다는 의미다.『출판보도사업에 대한 당의 방침 해설』 중에서 '1호 사진'의 형식과 관련된 핵심 부분은 "수령님의 혁명활동과 관련한 사진을 폭과 규모를 보장하면서도 생동하게 잘 찍어 당보에 정중히 모셔야 하겠습니다"라는 구절에 나타나 있다. 이것은 김정일이 직접 한 말이라고 언급되고 있으며 '1호 사진'의 촬영은 이 말에서 벗어나지 않고 있다. 당보, 즉 ≪노동신문≫에 게재하는 김일성·김정일의 사진은 결국 밝고 점잖은 표정이어야 하며 또 게재할 때는 크게 써야 한다고 규정하고 있는 것이다.

정치지도자의 사진 크기가 커진 것은 북한이 김일성과 김정일의 중요성을 점점 더 강조해왔다는 것을 의미하며 또한 그들의 권력과 역할이 계속 커져왔다는 사실을 반영하고 있다.

04. 가장 빈번하게 사용되는 단체사진

우리나라 신문에는 동정란이 있다. 신문사에 따라서는 '라운지'라는 표현을 쓰기도 하고 '사람 사람들'이라는 표현을 쓰기도 한다. 이 동정란에 주로 들어가는 사진 형태가 있다. 사진기자들 사이에서 '모임 사진'이라고 불리는 이 사진은 어떤 시상식이나 축하연, 동문회 등을 기념하는 사진이다. 보통 행사에서 중요한 7~8명을 선정해 나란히 세워놓고 사진을 찍는다. 신문에는 "○일 오후 서울 프레스센터에서 ○○ 모임이 있었다"는 설명과 함께 7~8명의 이름을 왼쪽 또는 오른쪽부터 순서대로 표시한다.

왜 신문에 게재하는 모임 사진에는 7~8명의 얼굴만 보이는 걸까? 축하연이나 동문회 모임에는 그보다 훨씬 많은 사람이 참가하는데 말이다. 이것은 신문에 게재하는 사진의 크기가 한정되어 있기 때문이다. 지면의 제한 때문에, 더구나 동정란에는 여러 일들이 함께 기사화되기 때문에 개별 모임에 대해서는 큰 지면을 할애하지 못하는 것이다.

그다지 크지 않은 사진을 게재할 때 독자들이 사진의 등장인물들 얼굴을 확인할 수 있으려면 너무 많은 인원이 들어가면 안 된다. 한정된 지면에서 그나마 VIP들의 얼굴을 확인할 수 있기 위해 사진기자들은 합리적인 인원수를 찾아야 하는데 그게 7~8명 선이다.

북한 신문에 실리는 '1호 사진' 중 가장 빈번한 형태는 기념사진이다. 북한은 외교 행사와 현지지도 등의 행사를 보도하면서 기념사진 형태의 사진을 게재한다. 우리나라에서도 가끔 기념사진을 신문에 게재한다. 대통령이 사관학교 졸업식에 참석하거나 청와대를 찾은 초등학생 방문객들과 함께 나란히 서서 찍는 사진이다. 그러나 북한의 경우 그 빈도가 상상을 초월한다. 김정일 사진의 34% 정도가 기념사진이다. 세계적으로 유례가 없을 정도다.

김정일의 기념사진에 등장하는 인물의 숫자는 500명에 이르기도

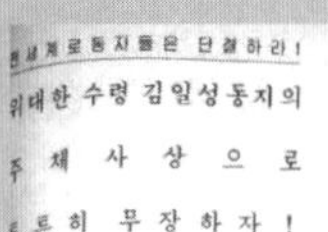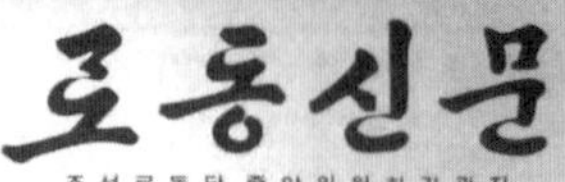

로 동 신 문

조선로동당 중앙위원회 기관지

조선인민군 최고사령관 김정일동지께서
조선인민군 제9차 선동원대회 참가자들을 만나시고 축하하시였다

위대한 령도자 김정일동지의 탄생일을
인류공동의 명절로 성대히 기념하기 위하여
《2월의 봄 친선예술축전》을 매개
나라에서 조직하고 그것을 전통화하자
홍콩조선친선협회 호소문 발표

《단군민족의 래일은 더욱 창창할것이다》
단국대학교의 학사학교수가 헐뜯히 토로

경사스러운 2월의 명절에 즈음하여
여러 나라에서 다채로운 행사 성대히 진행

우리나라 결혼식 사진 같은 기념사진이 자주 실린다. 그리고 이렇게 얼굴이 신문에 실리느냐의 여부는 승진에도 영향을 미친다(《노동신문》, 1980년 10월 17일자).

한다. 보통 우리나라 결혼식장에서 기념사진을 찍을 때 몇 명이 등장하는지 상상해보면 북한 기념사진의 규모를 가늠할 수 있다.

그런데 북한은 왜 기념사진을 많이 게재할까?

신문에 게재하는 기념사진을 큰 의미의 '가족사진'으로 보면 이해하기 쉬울 것 같다. 우리는 왜 가족사진을 찍는가? 가족사진에 얼굴이 있느냐 없느냐 하는 것은 소속을 확인시킬 뿐만 아니라, 재산 등을 분배할 때도 중요한 기준이 된다. 유토피아를 건설 중인 북한에서 기념사진은 '역사 만들기' 작업이다. 김일성 또는 김정일과 함께 사진을 찍는다는 것은 혁명대오에 동참한다는 것을 의미한다. 따라서 누구를 빼고 누구를 넣는다는 것은 양보할 수 없는 일이므로 행사에 참가한 모든 사람의 얼굴을 넣는 방법으로 기념사진의 형식을 택하는 것이다. 특정한 주인공이 없이 모든 사람이 주인공이 되는 사회 체제에 가장 적합한 사진 형태다. 즉 북한의 기념사진은 체제와 집단주의를 강조하는 장치 중 하나로 활용되는 것이다.

또한 기념사진은 '있는 그대로의 사진'이 아니라 '상황을 만들어 찍는 사진'이므로 통제 가능한 사진이라는 특징이 있다. 기념사진이 늘어난다는 것은, 사진가의 의도 또는 사진의 특성인 우연성 때문에 김일성·김정일에 관한 불필요한 정보가 들어간 사진을 배제하겠다는 의지가 더 많이 반영된다는 것이기도 하다. 여기서 불필요한 정보란, 노년의 나이로 접어든 김정일의 신체적인 결점일 수도 있고 정치활동에 대한 정보일 수도 있다. 기념사진은 정해진 틀에 따라 찍는 사진이므로 불필요한 정보가 포함될 가능성이 적은 것이다.

05. 김일성의 '얼짱 각도'

보기 흉한 모습을 노출하고 싶지 않은 것은 인지상정일 것이다. 정치인들은 대중에게 좋은 이미지를 던지기 위해 부단히 노력한다. 노무현 대통령은 후보 시절 이마의 굵은 주름살을 없애기 위해 보톡스 주사를 맞았고, 2005년 설 연휴를 앞두고는 청와대 의무실에서 서울대병원 의료진으로부터 양쪽 눈꺼풀 수술을 받았다. 윗눈꺼풀이 아래로 처지는 '상안검이완증' 때문에 시야가 가려 눈을 치켜뜨거나 고개를 들어야 하는 불편을 없애기 위해서였다.

노 대통령은 얼굴의 붓기가 빠지지 않아 2월 16일까지는 참모진의 내부 보고나 회의 외에 외부 인사와의 공식 행사는 일절 갖지 않았다. 그 당시 대통령의 일정은 카메라가 없는 상황에서 진행되었다.

김일성은 1970년대 초반부터 목 뒤쪽에 커다랗고 불룩한 종양이 튀어나온 것이 보였다. 너무도 당연하지만 북한의 신문 사진에는 김일성의 혹이 잘 드러나지 않는다. 그것을 보여주지 않기 위해 어떤 기법을 이용했을까?

1980년 10월 17일 ≪노동신문≫에 실린 김일성과 외국 대표단이 함께 찍은 7장의 사진에서 김일성과 나란히 선 외국 대표단은 모두 카메라가 위치하고 있을 정면을 응시하고 있다. 그런데 김일성은 항상 다리를 30㎝ 벌리고 뒷짐을 진 채 몸을 약 10도 정도 오른쪽으로 틀어 왼쪽 어깨를 약간 앞으로 내민다. 이렇게 함으로써 오른쪽 목 뒤의 혹은 자연스럽게 가려진다. 북한 신문 사진에서 김일성의 혹은 이렇게 숨겨졌다. 왼쪽 얼굴을 중심으로 비스듬히 찍는 것이 김일성의 '얼짱 각도'인 셈이다.

≪노동신문≫에 나오는 김일성 사진의 95%는 그의 왼쪽 얼굴이다. 하지만 어쩔 수 없는 상황에서는 오른쪽 얼굴을 싣는다. "웨이셀공화국" 대통령을 평양 공항에서 맞이하는 1980년 9월 20일자 1면 사진이 바로 그런 예다. 그 사진에서 김일성은 왼쪽에 있었고 혹은 적나라하게 보였다. 1985년 5월 8일자 1면에 실린 "중국 호요방과의 악수" 사진도 마찬가지 경우다. 현장에서 사진기자가 자리를 잘못 잡은 것이다. 이 얘기를 듣고 필자의 사진기자 친구들은 그 사진을 찍은 북한 사진기자가 '숙청'되었을 것이라고 추측했다. 개인적으로는 북한이 단 한 번의 실수만으로 '1호 사진기자'를 바꾸지는 않을 것이라고 생각한다. 추측이기는 하지만, 사진기술뿐만 아니라 사상성도 중요한 '1호 사진가'는 대체하기 쉽지 않기 때문이다.

주목할 만한 사실은, 김일성의 초상화는 사진과 달리 대부분 왼쪽 얼굴이 아니라 오른쪽 얼굴이라는 점이다. 우리나라에서 초상화는 전통적으로 인물의 왼쪽 얼굴을 표현하고 있다. 오른쪽 초상화는 전체의 10% 미만이다. 북한 신문에서 김일성의 그림을 사용하기 시작한 1970년대 초부터 그의 사후 10년이 지난 2003년도까지 김일성의 오른쪽 얼굴이 신문에 게재되었다. 북한의 화가와 신문 편집자들은 김일성의 오른쪽 얼굴이 더 자연스럽다고 느꼈던 것이다. 그러나 이때도 혹은 그려지지 않았다.

김정일의 경우는 작은 키가 핸디캡이다. 그래서 항상 키높이 구두

김 위원장이 키높이 구두를 신는다는 것이 알려진 것은 그가 2002년 러시아를 방문했을 때 외신 기자가 촬영한 사진을 본 국내 보수단체들이 시빗거리로 삼으면서부터다.

를 신고 다니는 것으로 알려져 있다. 키높이 구두를 신었다는 사실은 쉽게 파악되지 않는다. 국내에서 그 사실을 안 것은 김 위원장이 2002년 러시아를 방문했을 때 외신 기자가 촬영한 사진을 본 후 국내 보수단체들이 시빗거리로 삼으면서부터다.

북한 매체에 김정일의 사진이 그렇게 많이 나왔는데도 키높이 구두를 뒤늦게 간파한 것은 북한에서 나오는 사진들이 김정일의 전신을 촬영할 때 거의 정면에서 촬영하기 때문이다. 그러다 보니 구두는 보여도 뒷굽의 높이는 보이지 않았다. 김정일이 품격 있게 보이는 '얼짱 각도'는 정면인 것이다. 여기에 조금 더 신경 써서 피사체인 김정일보다 약간 높은 위치에서 촬영하면 구두가 바짓단에 덮여 거의 보이지 않을 수 있다.

06. 동영상은 못 믿어

북한 TV에서 김 위원장의 동정을 전하는 방식은 독특하다. 남한에서 제5공화국 시절 '땡전' 뉴스가 있었던 것과 마찬가지다. 땡전 뉴스란 당시 KBS와 MBC 등의 저녁 뉴스 시간에 9시 시보가 '땡'하고 울리면, 곧바로 아나운서가 "'전'두환 대통령은 오늘 오후……" 식으로 뉴스를 편성했다는 비판이다. 당연하지만 북한 방송에도 김정일 관련 뉴스가 많이 나온다.

특이한 점은 북한 방송에서는 김정일 관련 소식을 전할 때 신문

2005년 1월 14일 조선중앙통신을 통해 일본에 배포한 사진. 김 위원장이 신의주 9월 제철소를 시찰하고 있다.

2005년 4월 조선중앙TV 뉴스에서 똑같은 화면을 볼 수 있다.

사진을 활용한다는 것이다. 사진 한 장을 화면에 30초가량 띄워놓고 아나운서가 멘트를 한다. 동영상 화면이 없는 TV 뉴스는 우리로서는 낯설게만 느껴지며, 무척 단조로운 화면이어서 집중해서 볼 수조차 없다. 우리나라 방송 뉴스는 30초 동안 약 20컷 정도의 화면이 지나간다. 변화무쌍하고 실감이 나서 눈길이 가고 재미가 있다. 북한 뉴스가 재미없는 이유 중 하나가 단조로움이다.

2007년 10월에 이뤄진 남북정상회담 소식도 첫날 환영식은 남쪽에는 생중계된 반면, 북쪽에서는 5시간 후에 편집된 동영상이 12분 동안 방송되었다. 게다가 다음날 이뤄진 본회담은 사진만 이용해 방송했다.

왜 북한에서는 김일성 관련 소식을 전하면서 동영상이 아닌 정지영상(사진)을 이용할까? 동영상을 찍을 방송 카메라가 없어서일까? 북한의 방송 기술은 자타가 공인하듯이 외부 세계와 비교해서 큰 차이가 없다. 또한 TV와 영화를 선전선동의 중요 도구로 여기는 사회에서 기술력이 뒤떨어진다고 보기는 어렵다.

이것은 사진이 통제가 가능한 매체이기 때문이다. 영상은 글과 달리 기자들의 의도와 상관없는 다른 정보들이 독자 및 시청자들에게 전달될 수 있다. 1989년 남쪽의 대학생 임수경 씨가 방북했을 때 북한 정부는 '통일의 꽃'으로 그를 보도했지만, 북쪽의 젊은이들은 남한 사회의 패션과 헤어스타일에 주목하면서 남한의 문화를 동경하게 되었던 것이 대표적인 사례로 볼 수 있다. 사진 역시 불필요한 정보가 포함될 여지가 있지만 동영상에 비해서는 훨씬 통제가 쉬운 매체이므로 최고지도자의 행보를 보도할 때 유용하다.

그렇다고 김정일의 생활을 담은 동영상 화면이 없는 것은 아니다. TV를 통해 김정일의 생활이 보도되는 것은 흔히 볼 수 있다. 다만 김정일의 행보와 관련된 화면을 동영상으로 보여줄 경우에도 시간이 한참 지나서야 화면을 영화 화면처럼 편집해서 보여준다. 2007년 10월 남북정상회담 소식이 5시간 만에 전해진 것은 이례적으로 빨리 편집된 것이다.

07. 인민들과 악수하지 않는 지도자

박근혜 한나라당 전 대표는 2004년 총선 선거 운동 기간에 오른손에 붕대를 감고 유세를 다녔다. 너도나도 손을 내미는 유권자들과 일일이 악수를 하다 보니 손에 무리가 간 것이다.

우리나라 정치인들은 유난히 악수를 많이 한다. 악수를 통해 자신의 열정과 젊음을 상대방에게 알리려는 것이다. 실제로 악수를 나눈 일반 유권자들은 알게 모르게 그 정치인에게 호감을 갖게 된다. 표를 위해서라면 무슨 일도 마다하지 않는 남쪽 정치인들에게 악수는 아주 유용한 선거 운동인 셈이다.

우리나라 대통령도 악수를 무수히 나눈다. 청와대로 초청하는 각계 각층 사람들과 일일이 악수를 나눌 뿐만 아니라 청와대 밖에서 이뤄지는 행사의 시작과 끝은 항상 악수가 차지한다. 자연히 신문에도

사진은 의도하지 않은 정보를 독자에게 전할 수도 있다. 군부대 예술단원들의 공연을 보며 박수치는 김 위원장 옆에 있는 재떨이는 그가 흡연자였다는 것을 보여준다(≪노동신문≫, 1995년 2월 8일자).

악수하는 대통령의 사진이 실린다.

북한 신문 사진에는 악수 사진이 없다. ≪노동신문≫은 김정일이 생산과 국방 현장을 돌아다니면서 챙기는 모습을 많이 보여주지만 정작 현장의 사람들과 악수를 나누는 모습은 없다. 가령 2005년 1월 14일자 ≪노동신문≫ 1면을 보면 "9월 제철종합소를 현지지도"라는 제목 아래 2장의 사진을 게재하고 있다. 왼쪽은 김정일이 선글라스에 장갑을 낀 채 공장 내부를 바라보는 사진이고, 오른쪽은 공장의 전체 모습이다. 이런 편집은 ≪노동신문≫ 1면의 전형적인 형태다.

편집의 문제가 아니라 김정일이 인민들과 악수를 나누는 빈도가 실제로 높지 않다는 분석도 가능하다. 신과 같은 권력을 지닌 김정일과 인민들의 거리는 가깝지 않으며 그만큼 악수의 기회도 없다. 김정일이 인민들과 악수를 한 사진은 김일성 사망 후 ≪노동신문≫에 지도자로 등장하기 시작한 1995년 2월 8일 조선인민군 제291부대 여성 해안포중대를 시찰했을 때 꽃다발을 주는 병사와 찍은 사진이 거의 유일하며 이후에는 보이지 않는다. 이때도 악수라기보다는 손으로 꽃다발을 받는 정도다. 물론 김정일이 악수를 안 하는 것은 아니다. 외교 사절이 오거나 중국과 러시아를 방문했을 때 악수를 나눈다. 하지만 인민들과의 악수는 거의 없다.

사진기자에게 대통령은 아주 흥미로운 소재며 주제다. 필자는 아직 사진기자 경력이 모자라 선배들처럼 청와대 출입기자를 경험하지는 못했지만 사진으로 보는 청와대와 그 주인의 이야기는 흥미롭다. 청와대 출입 사진기자들은 대통령의 공식행사뿐만 아니라 사적인 영역까지도 취재할 때가 있다. 숙소에서 집무실로 출근하는 모습, 정원을 거니는 대통령과 영부인의 모습 등이다.

우리는 그런 사진을 통해 정치지도자의 인간적인 모습을 볼 수 있다. 본질이 아닐 수도 있지만 권력의 뒤에 가려진 개인의 모습을 볼 수 있는 것이다. 그러나 북한 ≪노동신문≫에 나오는 사진 중 김정일의 사적인 생활을 상상할 수 있게 하는 사진은 없다. 아내 사진도, 자식들의 사진도 없다. 김일성의 아내의 경우 1980년 11월 1일 ≪노동신문≫에서처럼 신문에 사진이 실린 적이 있다. 김일성은 외국 국왕 부부와 접견하면서 아내를 배석시켰다. 하지만 김정일의 경우 그의 아내가 신문에 얼굴을 드러낸 적은 없다. 장남인 김정남은 2001년 5월 4일 일본의 나리타 공항에 위조 여권을 소지한 채 나타났다가 추방되면서 우리에게 얼굴이 알려졌다.

김정일 숙소에서 촬영된 사진이 전혀 없다는 점은 지도자의 일상을 노출시키지 않는 북한 언론의 특징을 보여준다.

08. 왜 사진 대신에 초상화를 사용할까

북한 신문에서는 김일성의 얼굴 사진이 아닌 그림을 신문에 게재해 왔다. 북한이 처음부터 초상화를 실었던 것은 아니다. 처음에는 초상 사진을 실었다. 김일성의 단독 초상사진은 한국전쟁 중에 나타나기 시작한다. ≪노동신문≫ 1950년 7월 9일자 1면, 1951년 1월 1일자

신년호 1면에 김일성의 초상사진이 실렸다. 하지만 이때의 사진은 증명사진처럼 상반신을 찍은 것이었고 그다지 크지도 않았다. 1956년 8월 15일자 1면에 실린 김일성 초상화는 8단 신문의 2단에 불과할 만큼 작았다(단에 대한 설명은 제3장에서 다시 언급하겠다).

북한 신문에 지도자의 얼굴 그림이 처음 등장한 것은 1968년이다. 김일성 주석이 57세였던 1968년 1월 1일 그의 초상화가 게재된 것이다. 이 초상화는 정면을 응시하고 있으며, 김정일의 지시로 만수대창작사 소속 화가들이 그린 것이다. 이 시점 이후 김일성은 공식적인 행사 사진 이외에는 초상화의 형태로 신문에 게재된다. 58세였던 1969년 초상화를 다시 제작하는데, 이번에는 정면보다 약간 오른쪽 얼굴을 보여주고 있다. 1년 전 정면상이 보여주던 딱딱하고 직선적인 느낌보다는 훨씬 부드럽다. 58세 초상화는 김일성이 83세로 사망할 때까지 약 25년간 변하지 않고 사용되었다. 매일 발간되는 신문에서 생존하는 지도자의 얼굴을 사진이 아닌 그림으로 게재하는 경우는 세계적으로 유례를 찾기 어렵다.

현재 김일성의 공식 초상화는 사망 후 1달이 지난 1994년 8월 8일 등장한 이른바 '태양상'이다. 김 주석의 영결식에 사용했던 초상화로 김정일은 이 그림에 대해 "보면 볼수록 생존해 계실 때의 모습 그대로의 인상이 강하게 온다"고 극찬했다. 공훈예술가 윤형섭과 리석남이 그린 '명화'다.

한국인의 얼굴 크기는 이마에서 턱 끝까지 평균 23.5cm인데, 북한 신문에 실리는 김일성·김정일 초상화의 크기는 보통 27~28cm 정도

| 1968. 1. 1 | 1969. 1. 1 | 1994. 7. 9(부고기사) | 1994. 8. 8(태양상) |

58세의 김일성 초상화는 그의 나이 83세 때까지 사용되었다. 사망 후에는 '태양상'이라 불리는 새 초상화가 나왔다(≪노동신문≫).

이며 아래위 여백을 제외하면 대체로 20~22cm 정도 크기의 얼굴 사이즈가 나온다. 실제 얼굴 크기와 비슷한 사진을 게재하는 것이다. 이것은 독자가 김일성의 존재를 좀 더 친근하고 현실감 있게 느끼게 하는 효과가 있다.

북한 《노동신문》은 매년 1월 1일과 김일성의 생일인 4월 15일자 1면 또는 2면에 얼굴 크기의 김일성 초상화를 게재해왔다. 1994년 김일성이 사망한 후에는 10년간 매년 김일성 생일에 '태양상'이 게재 되다가 2005년 4월 15일자부터 사라졌다.

우리 민족에게 초상화는 회화 작품이 아니라 인물 그 자체로 여겨 져, 왕이나 위인들의 초상화를 모셔두고 그 인물을 회상하는 전통이 있었다. 또한 초상화는 '존경'의 의미를 갖는다. 우리나라도 박정희 대통령 시절 학교나 공공건물에 초상사진을 걸어놓았던 경험이 있다. 중국인들 역시 1990년대까지 마오쩌둥 주석의 얼굴을 그려 넣은 배지 를 달고 다녔다. 대통령이나 지도자의 초상화 혹은 초상사진을 게재 하거나 소지한다는 것은 국민과 지도자의 유교적 위계질서를 보여주 는 사례 중 하나다. 국민과 지도자의 관계라는 측면에서 북한과 남한 은 닮은 점을 많이 갖고 있었던 것이다.

사진기자의 입장에서 보면 그림은 윤색된 것이고 거짓이다. 사진은 사실에 가깝게 표현하지만 그림은 화가가 보여주고 싶은 것, 말하고 싶은 것만 보여준다. 그림은 노년에 들어선 지도자의 얼굴에 생기는 검버섯과 주름살을 지울 수 있다. 《노동신문》에서 김일성의 초상 화가 처음 게재된 것은 1968년 1월 1일인데, 이때는 1912년생인 김일성의 나이가 57세 되던 시점이며 노인이 되어가는 김일성은 이 시기를 정점으로 공식적인 행사 사진 이외에는 초상화의 형태로 신문에 게재된다. '자그마한 티도 없는' 사진을 실으려 하다 보니 자연스럽게 초상화라는 대안을 찾은 것으로 보인다.

김정일의 초상화도 신문에 사용되고 있을까? 김정일의 초상화는 1997년 10월 9일자에 처음으로 등장한다. 아버지에 대한 3년상이 끝난 후 당 총비서로 추대된다는 공식 선언이 있은 다음날이다. 이 시점은 김일성 사망 3주기를 지났다는 정치적 의미뿐만 아니라, 1941년생 또는 1942년생으로 알려져 있는 김정일의 나이가 환갑을 향해 가고 있던 56세 또는 57세 무렵이라는 의미 또한 갖고 있다. 그리고 이 시점부터 김일성의 얼굴은 북한에서 사라지기 시작했다. 특히 매년 1월 1일자 신문 1면에 등장하던 관행은 이때부터 완전히 사라진다. 이 시점을 김일성 시대가 완전히 끝나고 김정일의 북한이 완결된 시점으로 볼 수 있을 것이다.

김정일의 초상화는 이후에도 사용된다. 1998년 9월 6일자에는 최고인민회의 제10기 제1차 회의 결과를 보도하면서 "국방위원장으로 추대"라는 제목과 함께 김정일의 초상화를 가로 21.8cm, 세로 27.4cm의 크기로 게재한다. 다만 아직까지는 당 기관지인 ≪노동신문≫ 1월 1일자에 등장하지 않았다. 만약 김정일의 초상화가 ≪노동신문≫ 신년호에 실린다면 북한에서 김정일의 위상이 아버지의 그것처럼 높아진 증거로 보아도 될 것이다.

09. 김일성 동상을 잘 찍는 방법

서울 광화문 네거리에는 이순신 장군의 동상이 있다. 이 동상 사진은 언제 찍느냐에 따라, 즉 촬영시점에 따라 느낌이 다르다. 동상을 살아 있는 것처럼 찍기 위해서 가장 결정적인 요소는 촬영 당시의 시간이다. 태양이 비추는 각도에 따라 단색의 동상이 생동감을 갖기도 하고 밋밋한 느낌을 갖기도 하기 때문이다.

김일성은 북한에서 신의 지위에 있다. 살아서도 그렇고 사망 10년이 훨씬 넘은 지금도 그렇다. 인간으로 태어나 신의 위치에서 죽은 셈이다. 북한 전역의 8만 7,000여 개에 달하는 김일성 우상화 건축물은 사진의 중요한 소재며 주제다.

필자가 확인한 바에 따르면, 김일성 동상 사진이 ≪노동신문≫에 게재된 첫 사례는 1961년 6월 4일자 3면 "가필천 기슭에 서 있는 김일성 원수의 동상" 사진이다. 이후 북한은 김일성의 동상 사진을 수시로 신문에 게재했다. 특히 만수대의사당의 김일성 동상은 ≪노동신문≫ 사진기자들의 단골 소재다. 인민들이 참배하는 사진은 한 달에 한 번꼴로 신문에 실린다. 김일성 사망 후에도 김일성을 추모하는 인민들의 행렬이 이어지고 있다는 것을 북한 독자들에게 증명하고 있는 것이다.

북한 사진기자들에게는 동상을 찍는 시간이 있다. 하루 중 아무 때나 가서 찍지 않는다. 이른 아침 혹은 늦은 오후의 비스듬한 햇볕을 기다려 찍는데, 사진학에서는 이때의 태양빛을 '사광(斜光)'이라고 한다. 금색을 입혔다 할지라도 단색인 동상의 디테일을 살리는 데 한낮의 태양빛은 부적절하지만 이른 아침과 해가 질 즈음의 태양빛은 피사체인 동상을 측면에서 비춤으로써 동상의 우아함을 드러내준다.

동상의 정면만 찍는 것은 아니다. 신년 또는 김일성 생일 등을 앞두고 이른 아침 떠오르는 태양을 정면으로 바라본 상태에서 찍은 만수대의사당 김일성 동상의 후면 사진도 있다. 완전 역광(逆光) 상태인 이 사진에서 김일성 동상은 태양과 동일한 무게감을 가지며 화면 뒤편 동상 크기에 비해 수백 분의 일의 작은 크기로 보이는 인민들을 압도하고 있다. 살아 있는 수백 명의 인민보다 더 큰 모습으로 표현되는 죽은 지도자 동상의 뒷모습, 외국인들에게는 낯설게만 느껴지는 일이다.

10. 클로즈업하는 사진기자 중에 출세하는 사람 없다?

북한에서 정치인의 신체를 기록하는 방식은 서구 사회의 일반적인 방식과는 구별되는데, 그것은 '풀 숏(full-shot)'의 비율이 높고 '클로즈업'이 없다는 것이다. 김 위원장의 신체 어느 한 부분도 자르지 않은 사진이 대부분인 것이다. 가끔 측면에서 촬영한 사진에서 무릎 바로 위에서 잘린 사진이 있지만 예외적인 경우다.

남한의 사진기자들은 대통령을 찍을 때 망원렌즈를 이용해 찍고 북한은 짧은 광각렌즈를 이용해 찍는다. 북한의 사진기자들은 우리나라 사진기자들보다 훨씬 가까운 거리에서 김 위원장을 촬영한다. 멀리서 찍는 남한 사진기자들은 대통령의 클로즈업을 찍는 반면, 북한 사진기자들은 김 위원장의 몸 전체를 주로 찍는다. 북한에서 김정일 위원장의 얼굴만 클로즈업해서 찍은 사진은 거의 없다. 이러한 관행은 김일성 시대에도 마찬가지였다. 우리가 서울에서 보는 김정일의 클로즈업된 얼굴 사진은 남북정상회담 또는 2002년 러시아 방문 당시 다른 나라 기자들이 촬영한 사진이다.

클로즈업과 관련해 탈북자로부터 재미있는 이야기를 들은 적이 있다. 영화를 전공한 30대 후반의 탈북자 C 씨는 클로즈업을 하지 말라는 교육을 받았다고 했다. "1학년 1학기 때 화면에 대해 배운다. 영화촬영 시 화면은 대원경-원경-전경-7부신-중경(무릎 바로 아래)-반신-근경(단추 3번째)-대사-특대사(클로즈업)로 나눌 수 있는데, 특대사 사용은 특별한 경우가 아니면 하지 않도록 교육받았다." 그의 교수 중 한 사람은 그에게 "특대사 많이 하는 연출가 중에서 성공한 사람 보았느냐"는 충고를 하기도 했다.

특대사가 많지 않은 데는 김정일이 직접 썼다는 『영화예술론』의 영향이 큰 것으로 보인다. 북한의 영화 전공자들은 이 책을 외워서 시험을 보아야 할 정도로 이 책은 영화 제작 현장에서 성경책처럼 중요하게 여겨진다. 이 책의 「영상과 촬영」 부분에 "촬영에서 특대사·대사화면들로 대상을 확대하기를 좋아하거나 인물들의 얼굴을 필요 이상으로 크게 보여주는 것은 다 형식주의적인 표현이다"는 지적이 나온다. 북한에서 클로즈업 화면은 내용이 없는 형식주의로 치부

과감한 클로즈업 사진이 현재 남한의 보도 사진과 비교해도 손색이
없다(≪노동신문≫, 1966년 6월 8일자).

되는 것이다.

클로즈업은 인물의 내면세계를 표현하는 영상 기법 중 하나이며 극적인 효과를 높인다. 하지만 김정일은 영화 촬영가들에게 인물의 내면세계를 표정으로만 해결하려는 자세는 옳지 않다면서 외국과 달리 북한의 영상 제작자들이 "배우들의 전반적인 행동과 말을 통해서 내면세계를 나타낼 것"을 주문하고 있다.

위의 탈북자 C 씨는 북한에서 클로즈업이 없는 현상을 외국 문화와의 형식적 차별을 두기 위한 장치이기도 하지만 한편으로는 김일성·김정일 초상화와도 관련 있다고 분석했다. 김일성의 초상화보다 더 큰 얼굴이 신문과 영화, TV에 나가는 것을 방지하기 위해 김정일이 유일사상체계를 확립하던 시기인 1960년대 말에 클로즈업을 자제할 것을 강조했다는 것이다. 실제로 1967년 이전까지 ≪노동신문≫에 게재되는 인민들의 생활 모습 사진은 현재 우리나라 신문 사진보다 훨씬 더 클로즈업된 사진이었다. C 씨는 자세한 내용은 김정일의 담화 중 "영화창작에서 새로운 앙양을 일으킬데 대하여"에서 확인할 수 있다고 했다. 이 담화는 1971년 2월 15일에 김일성 문예사상 연구 모임에서 결론을 대신해 한 담화로서 『김정일 저작집』 제2권에 수록된 것으로 확인되었다.

주목할 만한 점 하나. 북한 신문에서 김일성·김정일의 클로즈업된 사진이 없다 보니 인민들의 모습도 클로즈업된 사진의 형태로는 게재되지 않는다. 특히 웃옷의 단추 3개보다 위에서 트리밍(trimming: 사진 원판에서 인화지에 밀착하거나 확대할 때 구도를 조정하기 위해 원화의

남한의 사진기자라면 농민들이 화면 앞쪽에 나오는 사진을 촬영했을 것이다. 1967년경부터 북한 신문에는 인민들의 얼굴을 클로즈업하는 사진이 사라졌다(≪노동신문≫, 1997년 5월 11일자).

불필요한 부분을 잘라내는 일)된 얼굴 사진은 찾아보기 힘들다. 클로즈업된 얼굴들이 보이지 않다 보니 외국인들에게 북한 신문은 단조롭고 뭔가 강조점이 없다는 느낌을 준다.

이와 같이 클로즈업 사진의 변화만 추적하더라도 북한 사회의 역사적·정치적 변화를 이해할 수 있다. 남측을 염두에 두고 제작된 영화 <민족과 운명> 시리즈, 또는 남측 사람들에게 보이는 매체와 사진전에서는 클로즈업된 화면과 사진을 상대적으로 많이 볼 수 있다.

11. 사진은 민주화를 측정하는 기준

사진과 민주화. 어쩌면 엉뚱한 말로 들릴 수도 있다. 하지만 사진 특히 초상사진의 형식은 그 사회의 민주화 정도를 가늠하는 척도가 될 수도 있다. 사진이 정중함의 틀을 벗을 수 있느냐 없느냐가 그 기준이 될 수 있다는 것이다.

정중한 사진은 북한의 '1호 사진'에만 나타나는 현상은 아니다. '정중한 모습'은 사진 이전의 초상화가들에게 요구되었던 주문사항이었다. '자신의 초상을 만들게 한다'는 것은 사회적 지위가 높다는 것을 상징했고 그런 사람일수록 자신이 특별하게 표현되기를 바랐다. 화가들은 고객을 만족시켜야 할 의무가 있었다. 사진이 발명되면서 그리 부자가 아니더라도 자신의 초상을 가질 수 있게 되었지만 그 형식은 '궁정화가'들의 기법을 모방한 것이라 할 수 있었다. 사진으로

돈을 벌고자 했던 사진가들과 그림에 비해 싼값으로 자신의 초상을 만들고 싶은 중산층의 이해관계가 맞아떨어지면서 약간 이상화된 모습으로서의 초상사진이 출현했고 오늘날까지 계속 이어지고 있다.

동네 사진관에 가서 사진을 찍는다고 생각해보자. 이왕이면 실제의 나보다는 조금 나은 모습으로 찍힌 사진을 기대할 것이다. 또한 사진관은 그런 요구를 항상 만족시켜 고객을 유지하려고 노력할 것이다.

나폴레옹 3세가 이탈리아 출정에 앞서 초상사진을 부탁해 유명해진, 그리고 최초로 초상사진을 대중화해 큰돈을 벌었던 사진사 디스데리(Disderi)는 1862년『사진미학(Esthétique de la Photographie)』이란 책을 펴냈다. 그는 좋은 사진의 조건을 다음과 같이 정리했다.

1. 기분 좋은 용모를 구현할 것.

2. 전체적으로 선명할 것.

3. 그늘과 중간 색조와 밝은 빛이 잘 표현되어야 하며 특히 후자가 잘 드러날 것.

4. 비례가 자연스러울 것.

5. 어둠 속에 세부(細部)가 표현될 것.

6. 아름다울 것.

이것은 앞에서 보았던 북한의『출판보도사업에 대한 당의 방침 해설』과 큰 차이가 없는 것 같다. 초상사진에 대한 디스데리의 미학이 북한이 의도했든 하지 않았든 간에 100년이 훨씬 지난 오늘날 북한의

‘1호 사진’에 영향을 끼치고 있는 것이다.

디스데리의 미학은 한국의 사진기자들에게는 더 이상 적용되지 않는다. 전두환 대통령 시절, 사진기자들이 대통령의 머리 뒤편에서 찍은 사진은 검열 대상이었다. 정중하지 못한 사진이기 때문이다. 국민은 대통령의 휑한 머리를 볼 수 없었다. 하지만 지금은 청와대에서 일어나는 일의 대부분을 볼 수 있다. 2005년 국회가 노무현 대통령의 탄핵을 결정했을 때 국내 신문들은 로이터통신 기자가 찍은 ‘찡그린 얼굴의 대통령’ 사진을 1면에 크게 실었다. 예전에는 있을 수 없는 일인 것이다. 이와 같이 ‘정중하지 않은 사진’을 신문에 실을 수 있느냐 하는 것은 그 사회 민주화의 척도로도 쓰일 수 있다. 그리고 북한에서 그러한 사진을 찾아보는 것은 아직 불가능하다.

평양 순안공항에 걸린 김일성의 초상화. '태양상'으로 불리는 이 초상화는 김일성의 영결식
때 처음 등장했다.

3장

초상화를 위해 불 속에 뛰어들다

2003년 대구 유니버시아드 대회에 참가한 북한 응원단은 김정일 위원장의 사진이 인쇄된 현수막이 구겨진 채 비를 맞으며 도로변에 걸려 있는 것을 보고 강력히 항의했다. 남쪽에서 북한 응원단을 환영하기 위해 내건 현수막이었지만 북한 응원단은 구겨졌다는 사실에 더 주목했다.

01. 초상화 정성함

북한에서는 김일성과 김정일의 초상화에 대해 아주 강력한 통제를 하고 있다. 외교관 출신의 탈북자 B 씨에 따르면 "교과서에 실린 김일성 초상화에 아이들이 안경을 그려 넣으면 반당·반혁명으로 몰려 부모가 처벌된다". 어린이 장난으로라도 지도자의 얼굴 사진에는 점 하나 찍을 수 없게 되어 있는 것이다.

1961년 함경남도 함흥시에서 태어나 대학 졸업 후 1991년 시베리아 벌목공으로 지원했다가 1993년 탈북한 김승철 씨는 현재 대학원에서 북한학을 공부하면서 사단법인 북한연구소 연구원으로 재직하고 있다. 다음 내용은 그의 책『북한 동포들의 생활문화양식과 마지막 희망』에 나오는 북한 인민과 초상화의 관계에 대한 설명들이다.

북한의 모든 가정은 반드시 세 개의 김 부자의 초상화를 '모시고' 있다. 김일성의 초상화와 김정일의 초상화, 그리고 김일성과 김정일이 김일성 궁전 뜰에서 무슨 사업을 토의한다고 해서 '사업토의상'이라고 부르는 초상화다. 북한의 모든 공공건물(남한의 시·도청 혹은 구청에 해당)에는 보통 높이 2미터, 너비 1.5미터 이상에 이르는 김일성의 대형 초상화가 걸려 있다. 그뿐 아니라 먼지와 공해가 없는 작업장과 휴게실, 학교와 교실 등에는 반드시 김일성과 김정일의 초상화가 걸려 있다.

이처럼 김일성의 초상화는 북한 사람들이 살아 숨쉬는 모든 곳에 항상 함께 존재한다. TV에 나오는 북한 사람들은 누구를 막론하고 왼쪽

가슴에 김일성의 초상휘장을 달고 있다. 김일성은 북한에서 시간과 장소에 관계없이 존재하며 북한 주민들 알게 모르게 그들의 인권과 자유, 의식과 행동을 통제하고 있다.

북한의 모든 곳에 여러 가지 형태의 김일성·김정일 초상이 있다고 해서 통제가 되는 것은 아니다. 그럼 북한 주민들은 이것에 어떻게 통제를 받을까. 그것은 김일성과 김정일의 초상화에 대한 관리를 잘하도록 강제함으로써 이루어진다. …… 칠판 옆의 한켠에는 정성스럽게 치장한 '초상화 정성함'이 있다. 그 안에는 부드럽고 색깔 고운 천으로 정성스레 만든 3~4개의 초상화 청소용 걸레가 있다. 선생님은 학생들이 순번을 정해서 매일 아침저녁으로 김일성과 김정일의 초상화를 정성스럽게 닦게 한다(인민학교에서는 학생들이 어리므로 선생님이 직접 한다). 인민학교 2학년 말부터 가입하게 되는 '조선소년단'은 '초상화 정성작업'을 조직생활의 첫째가는 중요한 요소로 보고 생활총화에서 엄격한 통제와 총화를 한다. 선생님들도 매일 아침 수업을 하기 전에 흰종이로 초상화의 윗부분을 닦아서 먼지가 묻는가 안 묻는가 하는 것을 확인한다. 이러한 모든 일들이 김 부자를 잘 모셔야 한다는 의식적·무의식적인 경외심과 강박감에 시달리게 만들고 우상화를 만들어내는 것이다(김승철, 2000: 276~279쪽).

북한 노동자들이 김일성의 실제 얼굴 크기의 초상화가 실린 신문을 함께 보고 있다. 신문에 실린 초상화라 하더라도 정성스럽게 다뤄야 하는 것이 원칙이다(《노동신문》, 1995년 1월 3일자).

북한의 월간 화보 ≪조선≫ 2006년 6월호는 "평양 미산소학교에 재학 중이던 아홉 살 소녀 유향림 양이 지난 2003년 1월 자신의 집에 불이 나자 피하기는커녕 오히려 불 속에 뛰어들어 초상화를 구하다가 희생됐다"는 미담 사례를 전했다. 기사에 따르면 이 소학교에는 이 어린이의 동상이 세워졌으며 학교 이름을 '유향림소학교'로 개칭했다.

조선중앙통신에 따르면 북한은 2005년 6월 29일 김철주사범대학 졸업식에서 유경화 학생에게 영웅 칭호와 함께 금별메달, 1급 국기훈장을 수여했다. 유경화 역시 2005년 초 발생한 화재 사건에서 "김일성 동지와 김정일 동지의 초상화를 안전하게 모셨다".

1999년에는 강원도 고성 앞바다에서 조업 중에 풍랑을 만나 숨지면서도 초상화에 물이 스며들지 않도록 보호한 15명의 선원에게 '공화국 영웅' 칭호가 부여되기도 했다.

북한이 2004년 4월 7일자로 전국에 배포한 「전시세칙」에 따르면 전쟁이 일어날 경우 북한 주민이 1차적으로 해야 할 대피 요령으로 김정일 국방위원장과 그 부모의 초상화·동상 보전 등을 규정하고 있다. "혁명의 수뇌부를 사수하기 위해서라면 청춘도 생명도 서슴없이 바쳐야 하는 것"이 초상화에 대한 북한의 원칙이다.

이러한 모습에는 조선시대 문화와 겹치는 부분이 있다. 조선시대 초상화의 유형과 사회적 기능을 연구한 성균관대학교 조선미 교수에

평양 학생소년궁전에서 무용을 배우는 어린이들. 북한의 지도자는 건물의 높은 곳에서 항상 인민들을 바라보고 있다.

따르면 우리 민족에게 초상화는 대상 인물의 인격 그 자체로 인식되었다. 전쟁이나 사고가 나면 후손들은 커다란 항아리 안에 초상화를 넣어 안전한 곳에 파묻거나, 혹은 잘 접어서 등에 메고 생명처럼 소중하게 챙겨 도망갔다. 조선시대에는 왕의 초상화를 모셔두는 진전(眞殿)이라는 공간이 있었다. 1631년 진전 중 한 곳이었던 집경전에 화재가 일어나 영정이 모두 소실되었고, 사고 후 왕과 문무백관들은 소복을 입고 3일간 곡하며 선대 왕들에게 용서를 구했다.

03. 얼굴이 접혀서는 안 된다

'1호 사진'에 대한 북한 인민들의 태도는 특이하다. 2003년 대구 유니버시아드 대회에 참가한 북한 응원단은 김정일 위원장의 사진이 인쇄된 현수막이 구겨진 채 비를 맞으며 도로변에 걸려 있는 것을 보고 강력히 항의했다. 남쪽에서 북한 응원단을 환영하기 위해 내건 현수막이었지만 북한 응원단은 구겨졌다는 사실에 더 주목했다. 사진에 대한 관습의 차이로 남북 간 갈등이 빚어진 사례다. 북한은 '1호 사진'의 생산과 배포 그리고 관리에 국가적인 노력을 해왔다.

북한 신문의 크기는 우리나라 신문 크기와 같다. 신문에서 단이란 전체 면을 폭을 일정하게 하여 세로로 구분한 것을 말하는데, 우리나라는 한 페이지를 보통 7개의 단(칼럼)으로 나눠 기사를 편집한다. 북한은 8개의 단으로 나누기 때문에 상대적으로 빽빽한 느낌이 든다.

<북한 신문의 단 구분>

1	2	3	4	5	6	7	8

보통 북한 신문은 한 면을 단 8개로 나눠 편집한다.

현재 우리나라 신문은 배달할 때 아래위로 접는다. 그러나 북한은 아래위로 접은 다음 좌우로 접는 것까지 신경을 쓴다. 4단과 5단 사이를 접는 것이다.

『출판보도사업에 대한 당의 방침 해설』은 "위대한 수령님과 친애하는 지도자 동지의 존귀하신 영상을 출판보도물에 정중히 잘 모시는 것은 우리 기자, 편집원들의 가장 숭고한 임무이며 혁명적 본분이다"라고 설명하고 있다.

'존귀한 영상'을 잘 모시는 기준 중 하나는 사진이 접히느냐 접히지 않느냐 하는 점이다.

그러면 군부대 방문 단체 사진 등 신문 윗부분 전체에 게재하는 큰 사진의 경우 어떻게 해야 할까? 김정일은 항상 단체 사진의 가운데에 온다. 그런데 접혀서는 안 된다. 이 두 가지 조건을 모두 충족하기 위해서는 사진기자와 편집기자의 노력이 필요하다.

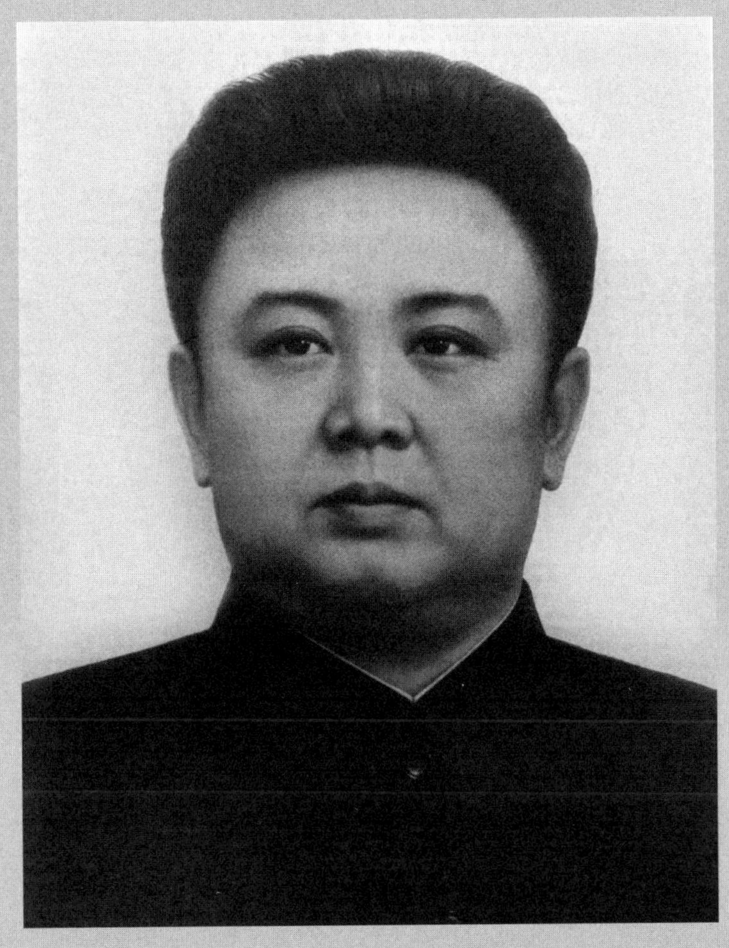

주름살 하나 없는 얼굴을 보여주기 위해 북한은 사진처럼 정교한 초상화를 싣는다(≪노동신문≫, 1997년 10월 9일자).

    김정일의 얼굴이 신문의 정 가운데, 즉 8단 신문에서 4단과 5단 사이에 정확히 위치하는 경우는 거의 없다. 접었을 경우 얼굴이 구겨지기 때문이다. 2005년 10월 22일자 ≪노동신문≫의 경우 군부대 등을 방문해 단체 사진을 찍는데, 이때 김정일은 정 가운데에 위치해서 찍었다. 맨 앞줄이 27명인데 김정일 좌우로 13명씩 배열되었다. 하지만 사실 김정일은 정 가운데에서 약간 오른쪽으로 서 있다. 가운데에 서 있지만 접었을 때 얼굴이 접히지는 않는 것이다.

    북한에서 발행하는 주간 ≪문학신문(조선작가동맹 중앙위원회 기관지)≫ 2005년 1월 8일자 신년호 1면에는 "위대한 령도자 김정일 동지의 건강을 삼가 축원합니다"라는 세로 제목 옆에 가로 18cm, 세로 25cm의 대형 사진이 실렸다. 무릎 위에서 프레이밍(framing: 사진을 찍을 때 피사체를 파인더 테두리 안에 적절히 배치해 화면을 구성하는 것)한 '미디엄 풀 숏(medium full shot)' 사진이다. 신문의 한가운데에 위치한 김정일의 사진은 일상적인 신문 접지 방법이라면 얼굴에 세로줄이 가게 된다. 그러면 이 신문은 어떻게 접었을까? 김정일 위원장의 사진을 기준으로 왼쪽과 오른쪽을 각각 접었다. 왼쪽 날개는 11.5cm, 오른쪽 날개는 9.5cm. 여기에 김정일 위원장의 사진 가로 길이인 18cm를 더하면 39cm, 즉 신문 한 면의 가로 길이가 나온다. 이렇게 지도자의 얼굴을 숭상하는 것은 신문 접지에서도 나타나고 있다.

2003년 평양 조선컴퓨터센터 로비에서 필자가 촬영한 사진. 북측 안내원은 김 부자의
얼굴이 정면에서 보이지 않는 이 사진을 삭제하라고 요구했다.

04. 왜 옆에서 찍으십네까?

북한은 남한 사람들에게도 김일성·김정일 사진을 정중하게 다룰 것을 요구하며, 이 때문에 여러 가지 문제가 일어나기도 한다. 민간 교류가 늘어날수록 앞으로도 정치인 사진을 두고 남북 간에 많은 갈등이 예상된다.

2007년 11월 29일부터 평양 송전각 초대소에서 열린 남북 국방장관회담에서도 회담장 안에 '모셔진 초상화'를 치워달라는 남측의 요구를 북측이 무시하면서 한때 회담이 난항을 겪기도 했다. 그간의 사진 촬영 관행으로 볼 때 북한은 남과 북의 국방장관이 김 부자의 초상화 아래에서 회담하는 모습의 사진을 촬영하고 싶었을 것이다.

1997년 제네바합의에 따라 북한의 금호지구에 건설하게 된 경수로 2기 작업차 북한으로 간 남한의 **KEDO**(한반도에너지개발기구) 관계자가 김정일의 사진이 실린 ≪노동신문≫을 평소 남한에서 하던 대로 별 생각 없이 깔고 앉았다가 이를 목격한 북한 노동자가 항의하는 사태가 벌어진 적이 있었다. 이 사건은 즉시 상부에 보고되었고 북한 측은 남한 당국에 공식 항의했다.

필자가 2003년 '평화와 통일을 위한 8·15민족대회' 취재를 위해 평양을 방문했을 때 일이다. 민족대회를 마친 방북단 일행이 조선컴퓨터센터로 안내되었다. 북한의 컴퓨터 산업을 이끌고 있는 연구소였는데, 1층 로비에 들어서자 "현시대는 과학과 기술의 시대, 컴퓨터 시대입니다 — 김정일"이라는 글과 함께 김일성·김정일 부자의 그림이 크게 그려져 있었다. 로이터통신의 이제원 기자, ≪시민의 신문≫ 이정민 기자 등과 함께 그림 아래에서 기념촬영을 하고 있는데, 난데없이 북한 안내원이 다가왔다. 찍은 사진을 보여달라는 것이었다. 사진을 본 안내원은 수령과 장군의 얼굴을 왜 정면에서 반듯하게 찍지 않고 옆에서 찍었느냐고 하며 '지우라'고 요구했다.

정면에서 사진을 찍으면 기념촬영을 하는 우리들과 김일성·김정일 부자의 화면만 잡히지만 옆에서 사진을 찍으면 뒤쪽으로 방북단 일행의 모습도 보인다. 사진 한 장에 모든 요소를 담을 수 있는 '경제적인 앵글'이어서 남쪽 사진기자들은 대부분 이 앵글을 선호한다. 북한에서 기념촬영을 할 때 지도자의 얼굴이 잘리는 사진을 찍으면 안 된다는 것을 알고 있었던 필자지만 옆에서 찍으면 안 된다는 것은 처음 알았다. 결국 그 사진은 지워야 했다.

하지만 안내원의 요구대로 정면에서 방북단의 모습을 찍어보려 해도 앵글이 마음에 들지 않았다. 결국 안내원이 보이지 않는 틈을 타서 방북단의 모습을 옆에서 다시 찍었다.

05. 월북 화가 김용준의 자살

김일성의 초상화 때문에 자살을 했다는 월북 예술가의 이야기가 있다. 남쪽에서 활동하던 중 1950년 월북해『고구려 벽화 연구』, 『조선화 기법』, 『조선화 채색법』 등의 책을 펴낸 화가 김용준은

1956년부터 평양미술대학 조선화 강좌장으로 재직하면서 후학을 양성했다. 이념을 찾아 고향을 등지고 월북한 화가 김용준은 김일성의 초상화 때문에 자살한 것으로 알려지고 있다.

김정일 위원장의 전처 성혜림의 언니로서 1996년 탈북, 유럽에 은신 중인 성혜랑은 자서전 『등나무집』에서 "북조선 50년에 보고 죽으려 해도 다시없을 것 같은 세련과 품위"를 지닌 신사의 자살을 증언한다. 1950년대부터 김용준은 과학원 고고학연구소에서 근무했던 것 같다. 당시에 경림동 문화인 아파트에 살던 성혜랑은, 감색 더블 외투에 자주색 머플러를 하고 초콜릿 색 중절모에 같은 색의 안경을 끼고 길을 가던 이 멋스런 신사를 기억하고 있다.

우리 아파트 안마당에는 수매소가 있었다. 넝마 수매다. 파지, 유리병, 고철, 늄(알루미늄) 냄비…… 신문도 수매용품이다. 그런데 수령님 초상화가 있는 신문은 초상화를 오려내고 수매하게 되어 있다. 초상화를 접어서 줄이 가도 안 되는데 하물며 파지에 끼워 넣어서도 안 된다는 것은 당연지사다. 그런데 선생네 집에서 수령님 초상화가 있는 신문을 그대로 수매했다는 것이 죄목이었다.

선생은 이 일로 스스로 목숨을 끊으셨다. 당의 유일사상 체계 확립의 10대 원칙 3조항 수령님의 권위를 절대화해야 한다는 내용에는 "수령님의 초상화, 석고상, 동상, 초상휘장, 수령님의 초상화를 모신 출판물, 수령님을 형상화한 미술작품, 현지 교시판, 당의 기본 구호들을 정중히 모시고 다루며 철저히 보위해야 한다"는 구절이 있다. 바로 여기

에 저촉되기 때문에 유일사상 체계에 걸리는 것이다. 아무개가 유일사
상 체계에 걸렸다 하면 그것은 매장을 의미했다(성혜랑, 2000: 298~
300쪽).

환갑을 넘긴 미술이론가이자 화가가 당의 처벌이 두려웠다는 이유
만으로 자살을 했다고는 보기 어렵다. 그러나 이것은 '김일성 초상화
의 절대화'가 최소한 1960년대 후반부터 지식인 사회를 비롯한 북한
사회 전반에 퍼져 있었음을 확인시키는 사례다.

김일성의 초상화 또는 사진을 어떻게 다뤄야 하는가에 대한 구체적
인 규정이 나오는 것은 이른바 「유일사상 10대 원칙」이다. 1967년
김일성의 동생 김영주에 의해 처음 만들어진 이 원칙은 김일성의
62번째 생일 하루 전인 1974년 4월 14일 김정일에 의해 보완되어
발표되었다. 많은 탈북자들은 '10대 원칙'은 필수 암기 항목이며,
당원과 인민들의 생활에 법보다 훨씬 강한 구속력을 갖고 있다고
증언한다. 김일성종합대학을 졸업하고 외화벌이 사업을 하다가 탈북
한 D 씨는 2005년 11월 북한대학원대학교 특강에서 10대 원칙 중
하나인 "심려를 끼쳐서는 안 된다"를 인용, 북한에서 외화벌이 사업
은 자금(외화)을 벌어 기쁘게 하자는 논리 속에서 캠페인처럼 벌어지
고 있다고 말했다. '10대 원칙'은 북한 사회에서 어떤 법보다 상위
개념의 규칙이다. 외교관 출신 탈북자 B 씨는 "김일성 교시, 김정일
지시, 10대 원칙, 이렇게 3가지가 지배하는 것이 북한 사회"라고까지
표현했다.

10대 원칙 중 '1호 사진'과 관련된 항목은 제3조 6항으로서 내용은 다음과 같다.

경애하는 수령 김일성 동지의 초상화, 석고상, 동상, 초상, 휘장, 수령의 초상화를 게재한 출판물, 수령을 형상화한 미술작품, 수령의 현지교시판, 당의 기본구호 등을 정중히 취급하고 또 철저히 보호하여야 한다.

06. 컬러 신문은 김일성의 전유물

북한 신문에서 컬러 사진(원색사진)은 김일성을 위해서만 존재한다. ≪노동신문≫은 1980년대부터 신문에 컬러 사진을 게재했다. 새해 첫날인 1월 1일자와 김일성의 생일인 4월 15일자 등 특별한 날에 예외적으로 컬러 지면을 제작해왔다. 컬러 사진은 김일성을 특별하게 보이게 하는 장치 중 하나라고 할 수 있다. 김일성의 컬러 초상화는 사망 9주기였던 2003년도까지 생일인 4월 15일자 신문에 사용하다가 2004년부터는 사용하지 않고 있다. 1991년부터 매년 4월 15일이면 컬러 사진으로 게재되던 김일성의 얼굴은 2004년에는 흑백사진으로 게재되었으며 2005년 4월 15일에는 초상화 자체가 사라졌다. 김정일의 생일에는 어떨까? 북한은 1998년 김일성 주석의 '유훈통치'를

1912년생인 김일성의 환갑을 맞아 발간된 특별판. 북한 신문 최초의 컬러 지면이다
(《노동신문》, 1972년 4월 15일자).

끝내고 '김정일 시대'를 공식화했지만 아직까지 김정일의 생일인 2월 15일자를 컬러 지면으로 제작하지는 않았다.

북한의 신문은 언제부터 컬러 사진을 게재했을까? ≪노동신문≫에서 첫 컬러 지면은 1972년 4월 15일자에 등장한다. 이날은 김일성 주석의 환갑으로, 사진은 생일을 맞은 김 주석이 인민들을 향해 모자를 벗어 흔드는 모습을 담고 있다. 그 후에 1973년 1월 1일자로 컬러 초상화가 게재되었으며, 4면짜리 흑백 일반호와 별도로 4면짜리 컬러 특대호가 함께 제작되었다. 참고로 남한에서 본격적으로 컬러 사진이 신문에 등장한 것은 1966년 1월 4일부터다. ≪중앙일보≫가 원색 인쇄시설을 갖추고 컬러 지면을 늘리자 ≪한국일보≫, ≪조선일보≫, ≪경향신문≫, ≪서울신문≫, ≪동아일보≫ 등 중앙지들이 경쟁적으로 컬러 신문 사진 시대를 열었다.

북한 신문에서 본격적인 컬러 시대는 1978년경 시작된 것으로 보인다. 1978년 4월 14일 김정일이 "로동신문사 책임일군들과 한 담화"에 따르면 이때쯤 ≪노동신문≫에 고급 인쇄시설이 구비되었음을 알 수 있다. 김정일은 이 담화에서 "앞으로 원색신문 인쇄도 하여야 하겠습니다. 평판직장에 새로 놓은 원색신문 륜전기는 갱지를 가지고도 원색신문을 찍어낼 수 있는 자동화된 설비입니다. …… 위대한 수령님의 영상을 모시는 당보(≪노동신문≫－필자 주)는 앞으로 다 원색으로 내야 하겠습니다. …… 수령님께서 다른 사람들과 같이 주석단에 계시는 장면을 찍은 사진 같은 것은 다 원색으로 낼 수 없지만 현지지도하시는 장면을 찍은 사진은 모두 원색으로 낼 수 있을 것입니다. 앞으로 수령님의 현지지도에 대한 보도를 할 때에는 1면에 원색사진을 모시는 것이 좋겠습니다"라고 언급한다. 하지만 북한에서 김일성 사진을 모두 컬러로 게재하지는 않았다. 김정일의 지시가 있기는 했지만 아무래도 컬러 신문의 제작비가 흑백신문보다 많이 들기 때문이었던 것으로 보인다.

07. 남쪽 사진기자의 수난

2000년 제1차 남북정상회담 이틀째 일정 중에 일어난 일이다. 오전에 진행된 역사적인 정상회담 취재가 끝난 후 남측 기자들이 기사와 사진을 전송하던 기자실에서 북측 안내원의 고성이 들렸다. 이어 사진기자실에서 모든 사진기자가 난데없이 쫓겨났다. 당시는 디지털 카메라보다는 아직 필름 카메라를 쓰던 때였다. 남쪽에서는 대개 취재한 필름을 정리하다가 필요가 없는 사진이 포함된 자투리 필름은 버리는 것이 일상적인데, 그것이 화근이었다. 기자실 쓰레기통에 버려진 필름 한 컷에 남쪽 손님들을 환영하는 평양 시민들의 모습이 담겨 있었다는 것이다. "열렬히 환영하는 북측 인민들의 호의를 어떻게 휴지통에 버릴 수가 있는가"라는 논리로 사과를 요구하는 북측의 집요함에 사진기자들은 당혹감을 감출 수 없었다.

제1차 정상회담 때 사진기자들이 기자실에서 쫓겨난 두 번째 사건은 서울에서 온 정상회담 팩스에 관한 것이었다. 현장에 있었던 ≪한

피랍탈북인권연대가 입수한 회령 역전 소시장 풍경. 2005년 1월 18일, 잎담배와 ≪노동신문≫
을 팔고 있는 상인의 모습이 보인다. '1호 사진' 관리가 느슨해지고 있다는 징후를 곳곳에서
볼 수 있다.

2006년 11월 방북 당시 북한 당국으로부터 받은 비자 사진. 방북을 마치면 북측이 회수해간다.

국일보≫ 최규성 사진기자에 따르면 당시 상황은 이렇다.

두 정상이 나온 신문 사진에서 자신들이 경애하는 김정일 위원장이 반으로 찢겨져 나간(북측 주장) 문서를 쓰레기통에 악의적으로 버렸다는 것이다. 문제는 그 팩스가 "사진기자실 휴지통에서 또 나왔다"는 주장인데 "당사자를 색출하여 반성문을 오늘 밤중으로 제출해야만 앞으로의 취재가 가능하다"는 통고였다. 이에 김성진 공보비서관은 이 문제를 사진기자실에 의논해왔지만 어제 버려진 필름 사건으로 조심하고 있던 우리로서는 도저히 인정할 수 없는 사안이었다. 누군가가 남쪽에서처럼 전송 온 신문 팩스를 아무런 생각 없이 버린 것은 사실인 것 같은데, 공보실의 비품이 어떻게 사진기자실 휴지통에서 발견되었다는 것인지, 감시 대상 1호인 사진기자들을 길들이기 위한 책략으로까지 느껴졌지만 초등학교 학생들도 아니고 누구를 색출하여 반성문을 제출하게 한단 말인가? 그들은 자신들이 존경해 마지않는 지도자가 팩스 용지에 인쇄되어 반 토막이 난 채 휴지통에 버려졌다는 사실에 대단히 자존심이 상한 것 같았다. 그 여파는 다음날까지 사진기자실 분위기를 뒤숭숭하게 했다.

08. 변화하는 북한의 사진관리

지도자 사진의 관리를 둘러싼 북한의 제반 규정을 지키지 않아

일어나는 이러한 사건들은 외국인들이 답답함을 느끼게 한다. 그렇게 경직된 사회에서 어떻게 사람이 살 수 있느냐고 생각할 수도 있다. 하지만 성혜랑의 수기를 통해 확인된 월북 화가 김용준의 자살 사건이나 북한 언론을 통해 보도되는 초상화를 위한 살신성인의 사례 등은 이미 과거의 일이거나 북한의 이상형에 불과할 가능성이 있다. 원칙적으로는 목숨을 바꿀 만큼 중요하게 다뤄야 하겠지만 실제로 인민들 사이에서 그렇지 않을 가능성이 있는 것이다. 북한 언론이 살신성인의 모범 사례를 계속 보도하는 것도 반대로 보면 그러한 사실이 뉴스가 될 만큼 현실에서는 보편적으로 일어나지 않는 것이라고 볼 수 있다.

2002년 탈북해 현재 북한학 박사과정을 밟고 있는 여성 탈북자 E 씨(37세)는 "집에서 보던 ≪노동신문≫에서 '1호 사진'만 따로 분리해서 폐지로 버리지는 않았다"고 증언했다. '1호 사진'이 실린 신문을 제대로 관리하지 않아 당대 최고의 미술학자가 문책을 당했던 1960년대의 경직성과는 거리가 있는 것이다.

2006년 11월 4일 평양을 출발해 중국 쉔양(瀋陽)공항으로 가는 고려항공 비행기 안에서 북측 스튜어디스들이 이날 발행된 ≪노동신문≫을 승객들에게 한 부씩 나눠줬는데, 이날 신문의 1면에는 김정일 국방위원장이 군인들과 함께 촬영한 기념사진이 게재되어 있었다. 승객 중에는 필자를 비롯한 남쪽 사람들도 있었는데, 스튜어디스는 보고 난 신문을 수거해가지 않았으며 "장군님 영상을 모신 신문을 잘 보관할지의 여부는 개인 신념에 관한 문제"라고만 언급할 뿐 비행

기 좌석 앞 그물 바구니에 넣어 구기거나 방치하는 것에 대해 큰
반응을 보이지는 않았다. 이 사례 역시 '1호 사진'에 대한 북한의
경직된 입장에 변화가 '존재한다'는 증거라고 할 수 있다. 이것을
변화가 '시작'된 것이 아니라 '존재한다'는 것으로 보는 것은, 김정일
시대에 와서도 신문에 나타나는 '1호 사진'의 변화 폭이 그다지 크지
않은데다 아직까지 공식적인 문헌을 통해 변화가 공표되지 않고 있기
때문이다. '1호 사진'의 관리에 관한 원칙은 여전히 존재하며 특히
외국인이 북한을 방문할 경우 그 원칙을 강요받을 수 있으므로 조심
할 필요가 있다.

4장

이미지 마에스트로 김정일

김 위원장은 선전의 중요성을 잘 알고 있으면서도 대중 연설을 하지 않는다. 그는 공개석상에서 연설이나 보고를 한 적이 없다. 그가 대중 앞에 나와 공개적으로 '연설'한 것은 1992년 인민군 창설 기념식장에서 "영웅적 조선인민군 장병들에게 영광 있으라"는 단 한 '문장'에 불과하다.

01. 자연스런 사진이 사라졌다

북한에서는 김일성과 김정일의 사진을 '1호 사진'이라고 하며, 이 명칭에 대한 설명은 이 책 1장에서 이미 다뤘다. 당연히 북한 신문은 '1호 사진'을 많이 게재한다. 우리나라 신문과 비슷한 크기인 ≪노동신문≫은 매일 6면씩만 발행하므로 지면이 빠듯할 수도 있겠지만 '1호 사진'만큼은 큼지막하게 게재한다. 김정일 국방위원장의 사진이 해당 지면에서 차지하는 크기는 평균적으로 전체 지면의 40%에 달한다. 이뿐만 아니라 하루치 신문에 10장 이상의 김 위원장 사진을 싣는 경우도 있다. 그리고 이때 싣는 사진들 대부분은 카메라를 의식하고 찍은 연출사진이다. 과감한 크기와 반복, 그리고 연출. 이러한 특징은 김일성 주석 시대부터 현재 김정일 위원장 시대까지 면면히 이어지고 있다.

이러한 특징을 갖는 사진들은 1967년부터 나타나기 시작했다. 그리고 이때 정립된 '수령을 표현하는 사진의 틀'은 현재까지 큰 변화 없이 이어지고 있다. 1967년 이후 북한 신문에 실린 김일성 사진을 그 전의 사진들과 비교해보면 북한의 정치와 사회가 그 시기를 중심으로 어떻게 변했는지 알 수 있다. 정치지도자의 수준을 넘어 어버이의 이미지를 주는 사진이 등장하고, 연출된 기념사진이 게재되기 시작한 것이다.

그 이전까지만 해도 김일성의 사진에는 '자연스러움'이 있었다. 즉 순간을 포착한 사진의 비율이 높았다. 하지만 1967년을 거치면서

김일성의 사진은 '연출'된 사진이 대부분을 차지한다. 연출된 사진은
진실한 감정을 기록했다기보다는 어떤 의도를 기록했다고 보는 것이
타당하다. 그 의도는 직접 사진을 찍는 사진기자의 의도일 수도 있고
사진을 찍히는 사람의 의도일 수도 있다.

왜 1967년일까? 김일성 사진이 질적으로 변한 것은 북한에서 김일
성의 위상이 급격히 변한 것과 관련이 있다. 수령제 사회주의의 유일
한 지도자로 만들어지기 시작한 시기가 이때이다. 또한 이 시기는
아들인 김정일이 북한 정치에 첫발을 내딛은 때이기도 하다.

1960년대 중반, 북한은 자립경제 노선과 국방건설 노선을 계속해
서 견지하면서도 이에 대한 폐해를 극복할 방도를 고민하기 시작한다.
그리고 그 해결책으로서 수령체제 확립이 제시되었다. 그것은 수령을
중심으로 일사불란하게 행동을 통일함으로써 경제를 건설한다는 것
이었다. 이 과업은 수령체제의 공고화가 없이는 불가능했다. 북한
사회주의는 1967년을 기점으로 다른 사회주의 국가에서는 볼 수 없는
독특한 정치·사회체제, 즉 '수령제 사회주의'를 구축하게 된다. 그러
나 수령제 사회주의를 선포했다고 해서 수령제가 정착되는 것은 아니
었으며, 이를 위한 내부적인 제도화·규범화·정규화가 요구되었다.
이러한 상황에서 적극적인 선전을 통해 수령의 존재를 알리고 이를
인민의 의식 속에 내재화시킬 필요성이 대두되었다. 자연히 이 과정
에서 '1호 사진'의 위상은 높아졌다. 북한에서 '1호 사진'이 확립되고
강조되며 심지어 그에 대한 복종을 강요하게 된 것은 1966년 10월
제2차 당대표자회와 1967년 3월 노동당 중앙위원회 4기 15차 전원회

사진의 주인공이 화면 왼쪽에 있지만 표정도 살아 있는데다 손동작까지 있어 자연스러운 느낌이다. 자연스러운 순간을 포착한 이런 류의 사진은 1967년으로 넘어가면서 사라지고 절제된 사진만이 신문에 게재된다(≪노동신문≫, 1966년 1월 1일자).

의 이후다.

북한의 문화와 예술 각 분야가 이 시기에 큰 변화를 겪었던 것과 마찬가지로 신문 사진에도 큰 변화가 일어난다. ≪노동신문≫ 사진부의 경우에도 1967년 즈음 변화가 있었다. 해방 직후부터 한국전쟁을 거쳐 ≪노동신문≫ 사진부의 근간을 이뤘던 사진기자들이 대부분 퇴사하게 된 것이다. 종군기자 경험이 있던 베테랑 사진기자들까지 지면에서 전부 사라지고 경력 1년이 채 안 되는 사진기자 2명(림순직, 김정덕)만이 자리를 지킨다. 한동안 ≪노동신문≫ 기자들이 촬영한 사진은 보이지 않으며 통신사에서 제공한 사진으로 지면이 채워졌다. 사진에 대한 새로운 통제가 시작된 것이다.

02. 김일성은 사진을 무서워했다

우리에게 많이 있는 선입관 중 하나가 김일성이 정치에 사진을 많이 활용했으리라는 것이다. 대개 그러한 선입관은 히틀러나 스탈린 등 독재자들이 이미지를 교묘하게 조작해 자신들의 권위를 높이려고 했다는 여러 가지 연구 결과에서 나왔다.

하지만 김일성 자신은 사진에 그다지 큰 의미를 두지도 않았고 체제를 유지하는 데 크게 활용하지도 않았다. 오히려 그는 사진을 부정적으로 생각했다. 『김일성 저작집』에는 김일성의 동료 유격대원을 잡으려고 사진을 이용해 수소문을 하는 일본 경찰에 대한 이야기가 언급되어 있다. 『김일성 저작집』 43권을 보면 1991년 5월 15일 재미교포 손원태와 한 담화에서 김일성은 "나는 길림에서 활동할 때 나의 사진이 적들의 손에 들어가면 재미없기 때문에 될수록 사진을 찍지 않았습니다. 언제인가 소년회에서 조직한 등산놀이에 참가하기 위하여 강동에 있는 룡담산에 갔을 때에도 나는 동무들이 사진을 찍을 때 자리를 피하였습니다"라고 언급하고 있다. 또 『김일성 저작집』 46권에도 카륜회의에 대해 언급하면서 "새 세대 청년공산주의자들의 대부대가 중부 만주지방에 집결되어 있다는 것을 내탐한 일제는 우리의 활동구역인 장춘현, 회덕현, 이통현 일대에 밀정들을 대대적으로 파견하였다. 밀정들 중에는 내 사진까지 들고 다니며 행처를 탐문하는 자들도 있었다"고 기술되어 있다.

사진에 피사체를 기록하거나 찬양하는 기능만 있는 것은 아니다. 군대나 교도소에서 보유하는 사진은 감시와 지배가 목적이다. 사진에 뜻밖에도 비밀이나 개인정보를 노출시키는 부정적 기능이 있다는 것을 먼저 느꼈던 김일성은 사진을 권력 유지에 활용할 생각을 별로 하지 못했다.

사진에 관한 북한 권력의 언급은 주로 김정일의 이름으로 나타난다. 사진 활용과 관련한 김정일의 첫 언급은 1964년 6월 12일 조선중앙통신사 '일군'들과 한 담화 "조선중앙통신사의 기본임무"로, 그의 나이 23살 때다. 이 담화에서 김정일은 "사진 전송기가 아주 좋습니다. 중앙통신사에서는 우리의 사진을 어디에나 보내고 있으며 세계 여러 나라들에서 보내오는 사진을 그날로 받고 있습니다. …… 송신

그림 속에서 김일성 주석이 즉석카메라로 인민군 장병들의 사진을 직접 찍어주고 있다(조선화, 〈화창한 봄날에〉).

부는 매우 중요한 부서입니다. 송신부는 세계에 수령님의 혁명사상을 널리 선전하며……"라고 말한다.

1966년 10월 28일 조선노동당 중앙위원회 선전선동부 '일군' 및 기자, 편집원들과 한 담화 "당대표자회 결정 관철에서 출판보도물의 역할을 높이자"는 북한에서 권력이 사진을 적극적으로 활용하겠다는 의지를 밝힌 계기로 볼 수 있다. 2차 당대표자회의 직후에 있었던 이 담화에서 당중앙위 조직지도부 선전선동부 지도원 김정일은 "신문, 통신, 방송을 비롯한 출판보도물은 광범한 대중을 혁명적으로 교양하고 당정책 관철에로 조직동원하는 우리 당의 위력한 사상적 무기입니다. 출판보도물을 통하여 당의 사상과 의도가 대중 속에 침투되고 국내외 정세와 사회주의 건설 소식이 널리 알려지게 됩니다. 출판보도물이 없이는 광범한 대중을 교양하고 당정책 관철에로 조직 동원하는 사업을 잘할 수 없습니다"고 지적한다. 당대표자회 결정을 관철하는 데 출판보도물이 혁명적 역할을 할 것을 요구하고 있는 것이다.

이 문건에서는 수령 사진에 대한 언급이 등장한다. 김정일은 "특히 신문을 비롯한 출판물들에 수령님의 영상을 모시는 사업을 잘하여야 합니다. 출판물에 실리는 사진보도물을 통하여 사람들이 위대한 수령님의 거룩하고 자애로운 모습을 뵙게 되는 것만큼 수령님의 권위와 위신을 보장할 수 있도록 최대의 정중성을 가지고 촬영도 잘하고 편집도 잘하여야 합니다"라고 주문한다. 1966년 전부터 김정일과 북한은 정치지도자의 사진을 신문에 어떻게 게재해야 하는지에 대해 연구하고 있었던 것으로 보인다. 그리고 기존 김일성 사진과는 다른 형태의 수령 사진이 1967년부터 나오기 시작하는 것이다.

03. 김일성 사진과 김정일의 역할

오늘날까지 이어진 '1호 사진'의 틀이 정해지는 1960년대 말이라는 시기는 김정일이 북한 정치와 사상사업에 참여하는 시기이기도 하다. 1960년대 말부터 북한에서 본격적으로 추진된 김일성 개인숭배와 주체사상의 유일사상화 과정에서 김정일이 관련되지 않은 부분이 거의 없을 정도로 그는 문학예술 부문과 출판보도 부문에 깊숙이 개입했다.

1964년 대학을 졸업하고 곧바로 노동당 당 사업을 시작한 김정일은 문학예술 부문에서부터 자신의 영역을 확보해나갔다. 1967년 5월에 열린 당중앙위원회 4기 15차 전원회의에서 김정일은 당시 선전·문화 분야를 담당하던 고위 간부들인 고혁, 김도만, 허석신 등을 유일사상에 위배되는 정책을 시행했다는 이유로 비판·숙청했다. 김정일은 이 회의에서 당의 조직부와 선전 분야를 장악하고 있던 감산파가 연고주의와 가족주의로 일관하면서 정치세력화하고 있다고 비판하며 숙청을 주장한다. 이 일로 당내에서 그의 영향력은 급격히 강해졌다. 앞서 언급했다시피, 이보다 7개월 앞서서 1966년 10월 5일 당대표자회의가 끝난 직후인 1966년 10월 28일에 김정일은 조선

조선중앙통신 김승균 기자가 촬영한 김일성 사진. 자연스러운 순간을 포착했다고 김정일 위원장이 극찬을 한 사진이다(≪노동신문≫, 1994년 7월 22일자).

노동당 중앙위원회 선전선동부 '일군' 및 기자, 편집원들과 한 담화에서 출판보도사업의 새로운 전환을 요구했다. 이 시기부터 북한 신문에는 일반 정치인이 아닌 유일무이한 지도자로서의 김일성의 얼굴이 게재되기 시작하며 문학계에는 '4·15창작단'이 생겨 "위대한 수령님의 영광 찬란한 혁명력사와 혁명적 가정을 소설로 형상화"하게 된다. 수령의 사진을 어떻게 촬영할 것인가에 대해 북한은 "사상이론의 영재이신 경애하는 김정일 장군님께서는 수령의 영상을 화면에 모시는 촬영문제를 빛나게 해결하시였다"고 설명함으로써 김 위원장의 역할이 있었음을 시사하고 있다.

사진뿐만 아니라 북한의 문학, 미술, 음악 등 거의 전 분야의 예술 활동들이 1967년을 기점으로 큰 굴절을 겪는다. 김정일 체제 형성 과정을 연구한 정영철 박사는 4기 15차 전원회의에서 불거졌던 박금철·이효순 사건을 북한 수령제의 직접적인 발단이라고 분석한다. 북한 외교관 출신 탈북자 B 씨는 북한대학원대학교 특강에서 제4기 15차 전원회의가 북한의 문화 자체를 변화시켰다고 회상했다. 그는 "전원회의 후 외국 서적 및 사전을 모두 수거해 태웠다. 학자들과 유학생들이 울기도 했다. 이후 2년 동안 학생들은 항일 빨치산 회상기 번역본을 갖고 영어와 외국어 공부를 했다"고 말했다.

'1호 사진가'의 양성에 관한 북한의 첫 언급도 김정일을 통해 나왔다. 『김정일 저작집』 제1권에 따르면, 김정일은 1968년 10월 8일 김일성종합대학 조선어문학부 졸업생들과 한 담화 "당에 끝없이 충직한 문예전사로 준비하자"에서 "오늘 이 자리에 모인 김일성종합대학 조선어문학부 졸업생들은 대학 기간에 학습과 조직생활에서 모범이였고 사회사업과 로동에도 성실히 참가한 동무들입니다. 당에서는 대학 기간에 학습과 생활에서 남다른 모범을 보인 동무들을 우리 당 사상전선의 중요한 초소인 영화예술 부문의 수행촬영가, 영화연출가, 영화문학작가로 배치하려고 합니다"라고 말한다.

또한 "수행촬영가는 위대한 수령님의 혁명활동을 수록하는 매우 중요하고도 책임적인 임무를 맡아 합니다. 수령님의 영광스러운 혁명활동을 사진문헌으로 력사에 남기는 일처럼 보람차고 영예로운 사업은 없습니다. 대학에 다닐 때 사진을 찍어본 일이 없더라도 이제부터 배우면 해낼 수 있습니다. 사진기술이라는 것이 어려운 것은 아닙니다. 사진기를 갖고 몇 달 동안 찍어보면 누구나 다 할 수 있습니다. 당의 신임과 기대가 크다는 것을 알고 맡은 일을 책임적으로 하도록 하여야 하겠습니다"고 지적한다.

이전까지 ≪노동신문≫에 실리는 김일성 사진 대부분은 ≪노동신문≫ 기자들이 직접 촬영한 사진이었다. 그러나 1967년 10월부터는 ≪노동신문≫ 사진기자가 찍은 사진이 아니라 조선중앙통신이 찍은 김일성 사진이 신문에 게재되었다. 이 담화가 발표된 1968년 무렵은 김일성 사진에 대한 중앙통제가 확립된 시기였지만 사진을 제대로 찍을 줄 아는 충성심 높은 사진기자가 부족해 이를 충원할 필요성이 대두되었던 것이다. 김정일은 그 해답을 북한의 최고학부인 김일성종합대학 조선어문학부(국어국문학과) 학생들 속에서 찾으려 한 것으로 보인다. 실제로 '1호 사진가'가 김일성종합대학에서 양성되는지 아니면 예술대학 등의 사진학과에서 양성되는지 현재로서는 정확하게 알려지지 않고 있다. 다만 현재 북한 기자 양성소라고 할 수 있는 김일성종합대학의 신문보도학부에는 촬영실습 과목이 남아 있다.

04. 선전은 김정일의 전공

김일성 체제에서 당비서를 역임하고 지난 1997년 남한으로 망명한 황장엽은 "김정일은 선전사업의 중요성을 잘 알고 있다"고 언급한 바 있다. 김정일은 어릴 적부터 영화에 관심이 많았다. 특히 대학 시절 그는 매일 중앙영화보급소로 등교하시다시피 했으며 1973년 북한에서 발행된 『영화예술론』은 영화에 대한 그의 생각을 집대성한 책이었다.

1941년생인 김정일은 1964년부터 북한 정치에 참여했는데, 『김정일 전기』에 의하면 1964년부터 문학예술인들 사이에서 그를 '친애하는 지도자'라고 불렀다. 이런 사실에 비춰볼 때 당 사업을 시작한 1964년부터 그가 문학예술 부문에 관심을 갖고 지도했을 가능성이 높다. 김정일이 문학예술을 중심으로 하는 선전 분야에서 김일성 유일사상체계 확립을 위해 지도하고 리더십을 발휘한 것은 김일성과 북한 사회로부터 자신의 능력을 인정받는 데 좋은 기회로 작용했다.

김정일이 문학예술을 직접 본격적으로 지도하게 된 계기는 1967년 박금철·이효순 사건의 여독을 청산하기 위해 소집된 회의에서였다.

이 기념사진은 평범해 보이지만 특별하게 촬영되었다. 맨 뒷줄의 천장에는 X자 모양의 어색한 그림자들이 드리워져 있다. 이것은 대열의 왼쪽과 오른쪽에서 각각 한 대씩 영화 제작용 대형 조명기가 빛을 비추고 있다는 것을 의미한다. 두 개의 조명은 모두 주인공인 김 위원장을 직접 향함으로써 다른 인물들보다 밝게 표현하지만 어색하기 그지없는 그림자를 남기고 있다 (≪노동신문≫, 1996년 1월 20일자).

1967년 확대정치위원회에서 김일성이 문학예술 분야를 지도할 사람을 찾자 아무도 나서지 않았는데, 김정일이 자임하고 나선 것이다. 그에게는 선전선동부 문학예술 지도과장이라는 직함이 주어졌고, 그는 이 직함을 통해 문학예술 전반에 대한 지도와 검열을 시작했다. 곧이어 노동당 문화예술부 부부장에 임명된 김정일은 선전선동의 중요 부문인 문화예술 분야와 출판보도 분야를 장악하기 시작했다. 또한 김정일은 조직과 선전을 총괄하는 당조직지도부 부부장(1969년, 27세)과 당문화예술부 부장(1970년)에 임명되어 권력의 핵심부에 진입했다.

김 위원장은 선전의 중요성을 잘 알고 있으면서도 대중 연설을 하지 않는다. 히틀러와 김 위원장의 차이점이다. 그는 공개석상에서 연설이나 보고를 한 적이 없다. 그는 1998년 최고인민회의 제10기 1차 회의에서도 제9기 때 김일성이 한 말을 녹음으로 들려주는 것으로 연설을 대신했다고 한다. 그가 대중 앞에 나와 공개적으로 '연설'한 것은 1992년 인민군 창설 기념식장에서 "영웅적 조선인민군 장병들에게 영광 있으라"는 단 한 '문장'에 불과하다. 그는 TV에 출연하여 자신의 견해를 밝힌 적도 없다. 국정원 출신의 손광주는 그의 책 『김정일 리포트』에서 그 이유가 김정일이 자신을 '신비화'하는 데 TV 출연이 도움이 되지 않기 때문이라고 보았다. 손광주는 "그가 TV에 출연하여 빠른 톤으로 말하는 장면을 연상해보라. '통 크고 대담하며 한없이 자애로운 장군님'과는 거리가 멀게 보일 것이다"라고 주장한다. 김 위원장은 이미지 메이킹에 손해를 보는 일은 하지 않는 것이다. 2000년 6월 13일, 평양의 순안공항에 도착한 김대중 대통령을 맞이하기 위해 붉은색 카펫 위를 걸어 나온 김 위원장은 세계와 남쪽을 향해 '나는 은둔자도 비정상인도 아닌 한 국가의 최고 지도자'라는 메시지를 던졌다. 하지만 그 메시지는 북한을 제외한 외부 세계를 향해 만들어진 메시지였다.

05. 이미지 마에스트로 김정일

정치인은 자신의 영향력을 확장시키는 데 이미지를 활용한다. 그건 남한과 북한에서도 마찬가지다. 혹시 이미지를 적극적으로 활용하지 않는다고 주장하는 정치인이 있을지도 모르지만 정치인이라면 방송 화면 또는 신문 사진을 통해 보이는 모습에 신경을 쓸 수밖에 없다.

참여정부 시절 청와대에서 언론을 담당한 관계자는 청와대를 출입 하는 한 일간지 사진기자에게 "(청와대 입장에서) 2004년 가장 아팠던 사진은 탄핵이 결정되던 날 노무현 대통령의 찡그린 얼굴이 찍힌 것이고 가장 업(up)시켰던 사진은 자이툰 부대에서 병사와 뜨겁게 포옹하는 대통령의 모습이 찍힌 사진이다"라고 말했다. 대통령과 그 측근들이 좋아하는 사진과 싫어하는 사진이 있다. 필자는 개인적으로 탄핵 때 대통령의 찡그린 얼굴 사진(이 사진은 청와대 출입 외신 사진기 자가 찍은 것으로 극도의 클로즈업 사진이다)이 신문에 보도될 수 있었다 는 것을 현재 남한 사회 언론 자유의 수준을 보여주는 대표적인 사례라고 본다. 한때 우리 사회에서도 성역으로 치부되던 대통령의 얼굴이 더 이상 성역이 아니게 되었으며, 무엇이든지 찍고 보도할 수 있는 사회로 가고 있는 것이다.

북한의 김정일 위원장도 마찬가지다. 자신의 영향력을 확장시키는 데 도움이 되는 이미지가 신문과 방송에 반복적으로 나오기를 바랄 것이다. 그리고 북한의 경우 실제로 그렇게 되고 있다. 김정일의 언론정치의 핵심은 이미지 연출이다. 그리고 연출된 이미지는 대중 매체를 통해 끊임없이 인민들에게 전달되고 있다.

1. **나는 군인이 아니다.** 우리나라 대통령은 전방 부대를 방문할 때 군복을 입는다. 이라크전 참전 미군을 독려하던 부시도 군복을 입었다. 군사국가인 북한에서 김정일도 군복을 입을 법 한데, 그런 모습은 한 번도 없다. 인민군 부대를 수없이 시찰하는 김정일 국방위원장은 군복을 입지 않는다. 그의 복장은 늘 인민복이다. 지도자가 군복을 입음으로써 군사국가라는 이미지가 대외적으로 강화되는 것을 원하지 않는 것이다.

2. **나는 혁명정신의 계승자다.** 인민복을 입는 것은 또 다른 의미도 갖는다. 점퍼는 혁명하던 시대 사람들의 옷이다. 자신이 혁명전사라는 것을 남들에게 과시하려는 것이다. '나는 수령님의 전사'라는 것을 강조하고 부하들도 따르도록 요구한다. 또 점퍼는 인민적인 이미지를 갖고 있다. 소박하게 보이는 것이다.

3. **2000년 남북정상회담에서의 깜짝쇼.** 2000년 방북한 김대중 대통령을 맞이하기 위해 평양 순안공항에 나타난 김정일은 그날 이후 3일간 전 세계로 거의 생중계된 남북정상회담 일정을 통해 자신의 이미지를 완전히 바꿔놓았다. 김정일은 세계와 남쪽을 향해 '나는 은둔자도 비정상인도 아닌 북한의 최고지도자'라는 메시지를 계속 던졌다.

4. **존재의 부재, 부재의 존재.** 살아 있는 지도자는 안 보이고, 죽은 지도자만 보인다? 김일성 사망 후 "김정일은 어떤 식으로 ≪노동신문≫에 등장할까? 김일성 사망 후 곧바로 김정일이 아버지의 위치에 올라선 것일까?"에 대해 많은 사람들이 궁금해했다. 많은 북한 전문가들은 김정일은 이미 1980년대 초반부터 아버지와 함께 북한을 공동으로 통치해왔고 아버지의 사망은 권력의 독점 시대가 열렸음을 의미한다고 분석했다. 하지만 김정일은 신문에 곧바로 등장하지 않았다. 살아 있는 김정일은 신문에 등장하지 않고 이미 죽은 김일성이 신문에 계속 등장했다. 김정일은 점증적으로 후계자 또는 지도자로서의 이미지를 형성시켜가고 있었다. 김정일은 김일성 사망 후 '점증적'이고 '체계적'인 단계로 ≪노동신문≫에 등장하며 그런 과정을 통해 자연스럽게 북한 사회의 최고지도자로 자리매김했다. 물론 1974년부터 후계자 수업을 받은 김정일이 후계 지도자가 되는 것을 북한 사회 구성원들은 당연히 예견하고 있었겠지만, 이미지를 단계적이고 논리적으로 보여줌으로써 '자연스러운 설득'의 효과를 겨냥하고 있었다고 할 수 있다. 이 과정에서 눈에 띄는 것이 김 위원장의 손이다. 사진에서 얼굴과 함께 손은

김대중 대통령과 김정일 국방위원장이 2000년 6월 14일 오후 백화원 영빈관에서 가진 정상회담 중간 휴식 시간에 남북 정상의 역사적 첫 만남을 대대적으로 보도한 우리 측 신문을 넘겨보고 있다. 이 신문은 판문점 행랑을 통해 평양의 우리 대표단에 전달되었다(청와대 사진기자단, 2000년 6월 14일).

피사체의 감정을 드러내는 요소다. 독자는 웃는 얼굴과 찡그린 얼굴에 담긴 감정을 이해하듯이 꽉 쥔 주먹이나 꾹꾹 찌르는 듯한 손가락의 의미를 이해한다. 1995년부터 화보의 형태로 두 부자의 자료 사진이 연재될 때 첫 부분에서 김정일의 손은 가지런히 모여 배꼽 쪽에 위치해 있다. 아버지의 권위를 인정하고 말을 경청하는 유순한 아들의 이미지를 준다. 시간이 지나면 김정일의 손동작이 보인다. 오른쪽 손으로 아버지에게 무언가를 가리킨다. 뒷짐을 지기도 한다. 뒷짐은 김일성의 트레이드마크다. 1960년대부터 김일성은 뒷짐을 지고 있으며, 외국 손님들과 기념촬영을 할 때 손님들은 차렷자세라도 김일성은 뒷짐을 지고 있다. 김정일은 이렇게 아버지의 트레이드마크를 취함으로써 아버지의 권위와 대등한 권위의 소유자로서 자신의 이미지를 만들어간 것이다.

06. 메시지를 담은 쌍안경과 총

김정일 시대에 와서 신문에 가장 많이 등장하는 사진이 '군인들과의 기념사진'이다. 선군정치를 표방하는 김정일 국방위원장이 각급 부대를 시찰한 후 군인들과 찍은 사진인 것이다.

특히 2001년 5월 부시 행정부가 들어서면서 미국이 클린턴 정부 때와 달리 대북강경책으로 입장을 선회할 것이라 예상되던 시기에 김정일은 총 18회의 공개 활동을 했는데, 그중 14회가 군부대 방문이었다. 대북전문가 손광주는 "그 전해 같은 기간의 4회 공개 활동 중 군부대 방문이 한 번밖에 없었던 것에 비해 무언가 '메시지'를 담은 군부대 시찰임이 분명해 보인다"고 분석하고 있다.

김정일의 군부대 시찰은 시설 및 훈련을 참관하고 예술소품공연을 관람한 뒤 군인들과 함께 기념사진을 찍는 일정으로 짜여진다. 주목할 만한 점은 김정일 우측에서 포즈를 취하고 있는 군인들은 공통적으로 쌍안경을 들고 있다는 것이다. 또 김정일 바로 뒤의 군인은 총을 들고 있다. 총은 검정색이 아니라 은빛으로 밝게 빛나 한 사람이 들고 있어도 눈에 금방 띈다. '총과 쌍안경을 든 군인'과 함께 찍는 사진은 현재까지도 이어지고 있다. 총과 쌍안경은 김정일이 군부대를 시찰하면서 중대급 부대에게 주는 선물이다. 그 선물을 병사들이 들고 기념촬영을 하는 것이다.

이것은 일종의 상징 또는 쇼맨십이라고 할 수 있다. '소품'을 들고 있는 군인들의 표정이 긴장되어 보이지 않는다. 웃는 경우도 있다. (외부의 침략을) 경계하고 (혹시 침략이 있다면) 총을 쏘아 막아내겠다는 의지의 표현이지만 총이 주는 긴장된 이미지는 없다.

그런데 이 쌍안경과 총을 들고 찍는 사진은 누군가에게 보여주기 위해 연출된 것이다. 여기서 누군가는 미국과 남한 등 외부 사회를 의미하지는 않는다. 그것보다는 오히려 《노동신문》을 보는 북한 사람들을 향한 김정일의 메시지라 해야 옳다. '쌍안경과 총' 사진을 통해 만들어진 '잘 지키고 잘 물리치자'는 메시지가 외부용이 아닌 내부용이라고 하는 것은 이 사진들이 《노동신문》 등 국내 신문에서

현재와 같이 '자동보총과 쌍안경을 든 군인들이 찍힌 사진'은 1995년 9월 15일자 1면부터 등장한다. "조선인민군 최고사령관 김정일 동지께서 최전선부대인 조선인민군 제893부대 민경초소 지휘관, 병사들과 기념촬영을 하시였다." 이 사진에서 김정일 오른쪽(사진 기준) 뒤쪽 병사는 쌍안경, 왼쪽병사는 자동보총을 들고 있다(≪노동신문≫, 2005년 1월 28일자).

만 쓰이기 때문이다. 전 세계에 제공되는 '릴리스(release)' 사진인 조선중앙통신에 나오는 군부대 현지시찰 사진에는 '쌍안경과 총'이 보이지 않는다. 조선중앙통신은 남한의 연합통신과 같은 국가 통신사다. 국가의 이익에 충실한 사진을 외국과 국내매체에 제공한다고 볼 수 있다.

'쌍안경과 총' 사진은 언제부터 나오기 시작했을까? 김정일이 인민군 장병들과 기념촬영을 한 사진은 김일성 사망 5개월 후인 1995년 1월 2일부터 《노동신문》을 통해 보도되기 시작한다. 2월 8일 두 번째 군부대 방문 사진이 신문에 게재되는데, 이때 총이 등장한다. 기사에는 "김일성 동지의 존함이 모셔진 쌍안경을 선물로 주시였다"는 표현이 나오지만 쌍안경은 보이지 않고 기사에 언급되지 않은 총 3정을 김정일 바로 뒷줄 병사 3명이 들고 있다. 김일성 사망 후 김정일은 곧바로 군사지도자로서의 이미지를 특색 있게 만들어가기 시작한 것이다. 김일성은 군부대 현지시찰시 '총과 쌍안경 사진'을 찍지 않았다.

07. 김정일이 직접 찍은 사진

김정일 위원장은 13살 때부터 '중앙영화필림관리소'에 나가 영화를 봤을 정도로 영화광이다. 남북정상회담 당시 확인되었듯이 남한에서 개봉한 주요 영화를 대부분 관람했으며, 영화 제작 현장에 직접 나가 현지지도를 하기도 했다. 1973년 그의 이름으로 발간된『영화예술론』은 북한 영화학도들이 교재로 사용하는 영화이론서다. 이와 같이 영상물에 대한 그의 관심이 지대하다는 것은 이미 널리 알려져 있다. 그렇다면 전문성은 어떨까? 또 영화와 비슷하면서도 다른 분야인 사진에 관한 그의 전문지식의 깊이는 어느 정도일까?

북한 문학예술종합출판사가 매년 발행하는『조선예술연감』1994년판에 따르면 1993년 평양에서 열린 '조국해방전쟁승리 40돐 경축 전국예술사진전람회'에는 김 위원장이 극찬한 작품들이 전시되었다. 북한의 사진작가들이 촬영한 사진 작품 <무장으로 받들리>,<퇴근길에서>, <즐거운 저녁>, <밤의 정서>, <추억의 갈피를 번지며> 등이다. 이 사진들은 사진기자인 필자가 보기에도 상당히 완성도가 높다. 사진에 대한 김 위원장의 안목을 가늠할 수 있다.

『김정일 저작집』제1권에 1964년 조선중앙통신사를 방문했을 당시 했던 발언이 있는데, 거기에 사진 전송기의 기계적 원리에 대해 설명하는 부분이 있다. 사진 전송기의 원리는 아주 복잡해서 사진기자들도 전송기를 활용하기만 할 뿐 원리를 이해하는 이는 그다지 많지 않다. 또한 "사람의 눈은 오른쪽에 있는 물체를 볼 때에는 왼쪽에 있는 물체가 잘 나타나지 않으며 왼쪽에 있는 물체를 볼 때에는 오른쪽에 있는 물체가 잘 나타나지 않습니다"라는 설명이 있는데, 김정일이 영화 또는 사진의 기계적 원리에 대해서도 관심이 있었다는 것을 알 수 있다.

김정일은 북한에서 유명한 사진을 자신이 직접 찍었다고 밝히기도 했다. 다음은 북한 ≪노동신문≫과 평양방송 보도를 바탕으로 연합뉴스 기자가 정리한 내용이다.

역사소설『임꺽정』의 저자인 월북 작가 벽초 홍명희 집안에서는 벽초와 김일성 주석이 평양시 교외의 한 호수에서 뱃놀이하는 사진을 가보로 보관하고 있다. 나지막한 산을 배경으로 한 조용한 호수에서 김 주석이 밝게 웃으며 직접 노를 젓고 마주 앉은 벽초 역시 만면에 환한 웃음을 지으면서 사진을 찍는 방향을 바라보고 있는 모습이다. 흑백의 이 사진은 1958년 5월 1일 국제노동자절 행사가 끝난 직후 촬영한 것으로 김 주석의 인품을 소개하는 수많은 사진 중에서도 명작품으로 알려져 있다. 김정일 위원장은 2004년 12월 중순 간부들에게 처음으로 이 사진을 자신이 직접 찍었다고 46년 만에 밝혔다. 2005년 3월 평양방송과 ≪노동신문≫은 이 같은 사실을 공개하면서 이 사진에 얽힌 사연을 소개했다.

평양방송에 따르면 김 위원장은 김 주석과 벽초의 인연을 회고하던 중 "수령님께서 홍명희 선생과 단 둘이 탄 배에서 직접 노를 저으시는 역사적인 화폭을 담은 사진이 있는데, 그 사진은 내가 찍은 것이다"라고 밝혔다.

김 위원장은 "그때 내가 배를 타고 노를 저으면서 그 모습을 찍으려고 하니 홍명희 선생은 사진을 잘 찍어달라고 했다"며 "수령님께서 홍명희 선생과 함께 배를 타시는 뜻 깊은 사진은 이렇게 마련된 것"이라고 말했다.

1958년 5월 김일성 주석과 벽초 홍명희 선생이 함께 배를 타며 찍은 사진. 2004년 북한은 이 사진이 46년 전 김 위원장이 직접 찍은 사진이라고 주장했다(≪노동신문≫, 1994년 8월 10일자).

김 위원장은 2004년 회고에서 당시 내각 부수상으로 일하던 벽초가 일부 종파분자들의 모함으로 마음고생을 하고 있었는데 김 주석이 이를 헤아려 바쁜 시간을 내 호수로 데려갔다고 설명했다. 김 주석이 벽초에게 "나이 많은 분이 언제 배를 타봤겠느냐. 오늘은 함께 배를 타며 푹 쉬자"면서 직접 노를 잡았다는 것. 어느덧 배가 잔잔한 호수 한가운데 이르고 두 사람이 환하게 웃는 모습을 지켜보던 김 위원장은 사진기를 들고 있던 간부에게 빨리 그 장면을 촬영하라고 지시했다. 그러나 그 간부가 노를 저을 줄 몰라 결국 김 위원장이 직접 노를 저어 김 주석과 벽초가 탄 배 근처로 다가가 사진을 찍었다는 것이다.

위의 내용은 평양에서 발간된 ≪조선예술≫ 1995년 10월호에서도 언급된다. 이 책에는 예술 현장에서 김정일이 교시한 내용이 시대별로 정리되어 있는데 "1958년 5월 1일 위대한 령도자 김정일 동지께서 위대한 수령님께서 홍명희 부수상과 함께 뽀트를 타시고 친히 노를 저으시는 모습을 보시면서 한 사진촬영가에게 력사에 남길 수 있게 한 사진을 잘 찍을데 대하여 말씀하시였다"고 기록되어 있다. 1995년에 발간된 이 책에서는 김 위원장이 직접 사진을 찍었다는 서술은 없지만 그 현장에 있었다는 사실은 증명하고 있는 셈이다.

08. 히틀러 사진과 김정일 사진

김정일과 히틀러를 선전선동의 귀재라고 말하는 사람들이 있으며, 여러 학자들도 그렇게 보고 있다.

그러나 최소한 신문 사진을 통해 본 북한식 선전선동 방법론은 히틀러의 그것과 다르다.

히틀러의 전속 카메라 기사는 히틀러를 로 앵글(low angle: 인물보다 낮은 곳에서 올려다보며 찍는 앵글)로 사진을 찍었던 것으로 유명하다. 아래쪽에서 위를 향해 촬영하면 피사체는 중요한 인물로 느껴지며 체구가 커 보인다. 카메라의 위치가 낮을수록 배경은 약하게 보이고 인간이 배경을 지배하는 듯이 보인다. 이러한 효과를 심리학적인 용어로 '피사체의 힘/보는 사람의 나약함(subject strength/viewer weak-ness)'이라고 표현한다. 보는 사람들이 누군가를 올려다보면, 그는 사람들을 지배하고 있는 것처럼 보인다. 이러한 기법은 피사체가 중요한 말을 전달할 때 효과적이다. 히틀러의 사진은 그래서 히틀러가 신비하고 위대한 인물이라는 느낌을 준다.

반면 김일성·김정일 사진은 그렇지 않다. 북한 사진에서 로 앵글의 비율은 높지 않다. 북한 신문 사진에서 지도자를 신비하고 위대하게 보이게 하는 방법은 '화면의 가운데 위치시키기'와 '크기'라고 할 수 있다. 북한식 선전 방식은 이런 기법들의 반복으로 특징지어진다. 그렇다면 이런 방식은 순수 북한식일까 아니면 사회주의 사회에서 보편적으로 사용하는 선전 방식일까?

ПРАВДА

Пролетарии всех стран, соединяйтесь!
Всесоюзная Коммунистическая Партия (больш.).

Орган Центрального Комитета и МК ВКП(б).

№ 193 (9964) | Понедельник, 13 августа 1945 г. | ЦЕНА 20 КОП.

Вчера советский народ праздновал Всесоюзный день физкультурника. На Красной площади в Москве состоялся всесоюзный парад.

Слава советским физкультурникам!

Праздник могучей и жизнерадостной молодости

Всесоюзный парад физкультурников

От Советского Информбюро

Оперативная сводка за 12 августа

큰 사이즈로 사진을 싣는 것은 구소련의 신문 편집 방식이었으며, 북한도 처음부터 그 방식을 배웠다. 하지만 과도한 연출과 '가운뎃선 준수' 편집은 순수한 북한의 특징이다(《프라우다》, 1945년—란코프 교수 제공).

러시아 출신의 북한 전문가인 란코프 국민대 교수는 2005년 7월 필자와의 대화에서 "지도자 사진과 군중대회 사진을 큰 사이즈로 게재하는 것은 러시아 스타일"이라고 말했다. 소련 신문에서 지도자 사진과 군중대회 사진은 지면에서 큰 비중을 차지했으며 소련 신문을 모방했던 북한 신문 역시 이러한 편집 형태를 보인 것이다.

그렇다면 '화면의 가운데 위치시키기'와 '반복 게재' 역시 소련의 영향을 받은 것일까?

정치지도자를 화면의 가운데에 위치시키기 위해 기념사진의 형태로 사진을 촬영하는 관행은 소련에서는 없었다. 또한 란코프 교수가 성장했던 1960~1970년대 소련의 신문에서 지도자의 사진은 1회만 게재될 뿐 반복되지는 않았다. 하지만 북한은 화면 한가운데 서 있는 지도자의 사진을 반복해서 게재한다. 2006년 1월 23일부터 26일까지 《노동신문》 4일치에는 김정일 위원장이 열흘 전 중국을 방문해 벌였던 활동을 찍은 사진 68장이 게재되었다.

09. 김정일과 카메라의 거리

사진기자만큼 대통령과 가까운 직업은 없다. 청와대 참모들을 제외하고 대통령을 가장 가까운 곳에서 볼 수 있는 사람이 사진기자다. 그러나 모든 사진기자가 청와대 취재를 할 수 있는 것은 아니다. 대체로 경력과 연차가 높은 사진기자들이 청와대를 출입하며 대통령의 일정을 카메라로 취재한다.

우리나라 대통령들은 후보 시절에는 카메라와 매우 가깝게 서 있지만 일단 청와대로 들어가면 멀어진다. 청와대 사진기자들이 대통령을 후보 시절처럼 2~3미터 앞에서 찍는 일은 그다지 많지 않다. 그렇기 때문에 대통령을 취재할 때는 대체로 70~200mm 정도의 망원렌즈를 사용한다.

북한은 어떨까? 북한 사진기자들은 물리적 거리에서 볼 때 김정일과 더욱 가깝다. 김정일의 현지지도 사진 대부분은 광각렌즈로 촬영한 것이다. 북한 사진기자들도 망원렌즈를 갖고 있지만 김정일을 촬영할 때는 가까운 위치에서 작은 렌즈로 찍는다. 광각렌즈는 피사계심도(피사체를 중심으로 앞뒤로 초점이 맞는 거리의 정도)가 깊기 때문에 포커스가 맞은 부분뿐만 아니라 부근의 피사체도 모두 초점이 선명해 보인다. 망원렌즈는 피사계심도가 매우 얕기 때문에 포커스가 맞은 부분만 선명하고 나머지는 흐려진다.

여기서 잠깐 렌즈에 대해서 알아보면, 디지털 카메라의 렌즈 쪽을 유심히 살펴보면 'ZOOM 38~140' 등의 표기가 있다. 여기서의 숫자는 렌즈의 초점거리를 뜻하는데, 숫자가 작을수록 광각이고 클수록 망원이다. 렌즈의 초점거리가 50mm인 것을 표준렌즈라고 한다. 표준렌즈라고 이름 붙인 이유는 사람의 눈이 한 번에 볼 수 있는 각도(화각)와 동일해서다. 사람의 눈은 약 46도까지 한 번에 볼 수 있는데, 표준렌즈도 그 각도를 담아낸다. 이보다 초점거리가 짧은 렌즈를 광각(廣角)렌즈라고 하며 더 넓은 범위를 찍을 수 있다. 표준렌즈보다

북한 신문 사진의 특징 중 하나는 배경까지 초점이 선명하다는 점이다. 이것은 사진기자가 망원렌즈가 아닌 광각렌즈를 사용해 피사체와 가까운 위치에서 촬영한다는 것을 의미한다 (≪노동신문≫, 2003년 1월 10일자).

초점거리가 먼 렌즈를 망원(望遠)렌즈라 하는데, 이것은 촬영범위가 좁지만 멀리 있는 물체를 크게 찍을 수 있다.

하나의 피사체를 두드러지게 묘사하기 위해서라면 조리개를 열어주거나 망원렌즈를 사용하여 배경이나 주변을 흐리게 만들어 화면 정리를 해주어야 한다. 하지만 구석구석 섬세히 묘사하거나 배경을 함께 살리고자 할 때는 피사계심도를 깊게 하기 위해 광각렌즈를 사용하면서 조리개를 죄어주어야 한다. 피사계심도가 깊은 사진은 근거리, 중거리, 원거리의 피사체를 동시에 포착한다. 화면에 나타나는 모든 것을 중요하게 표현하려면 이 방법을 사용한다.

북한 사진기자들은 광각렌즈로 김정일 위원장을 촬영하기 때문에 김정일 위원장 주변의 수행원들의 얼굴도 또렷하게 보인다. 이러한 전통은 김정일과 김일성이 함께 현지지도를 다니던 1980년대 초부터 이미 시작되었다. 비록 김정일이 김일성의 뒤쪽에서 따라가는 모습이더라도 초점은 항상 두 사람 모두에게 맞춰져 있었다.

5장

남북 간 이미지 갈등

≪노동신문≫은 남한에 부랑자와 고아가 많다는 것을 보도 사진의 형식을 통해 증명하려 애썼다. 부랑자와 고아가 있는 것은 사실이다. 하지만 그 사진만으로 남한 사회를 설명할 수는 없다. 사실이지만 진실은 아닌 것이다. 남한이 보는 북한의 모습도 마찬가지다. 탈북자와 인민의 초라한 모습만으로 북한 사회를 설명할 수는 없을 것이다.

01. 처음으로 남쪽 카메라 앞에 선 김정일

2000년 6월 13~15일까지 평양에서 열린 제1차 남북정상회담을 취재한 남쪽 사진기자들 중 김정일 위원장을 직접 취재한 사람은 《국민일보》 강민석 기자, 《한국일보》 최규성 기자, 《경향신문》 김석구 기자, 《세계일보》 김창규 기자, 전 《서울신문》 박영군 기자, 전 《한겨레》 진천규 기자, 연합통신 박일 기자 그리고 청와대 전속 사진가였던 최동식 선생 등이다.

이들의 말을 종합해보면 2000년도 평양에서 만난 김정일은 사진을 굉장히 의식하는 정치인이며 사진 찍기 쉬운 정치인이다.

장면 #1

평양 순안공항에서 김대중 대통령과 김정일 위원장이 처음 만나는 순간. 김대중 대통령은 흥분을 감추지 못했고 김정일 쪽으로 다가갔다. 김정일이 직접 순안공항으로 나오리라고 예측한 사람은 많지 않았다. 청와대 전속 사진가조차도 이 일정을 몰라 남북 정상 간의 첫 만남이 예상되는 백화원 초대소로 이미 이동하고 있던 그 시간, 김정일은 순안 공항으로 나와 김대중 대통령에게 악수를 건넸다. 이 장면을 취재한 남쪽 사진기자는 《국민일보》 강민석 기자 혼자였다. 역사적인 순간 김대중 대통령은 감격했고 김정일 위원장으로부터 눈을 떼지 못했다. 반면 김정일은 악수를 하는 순간 카메라와 사진기자를 의식했으며 의도적으로 포즈를 취해주기도 했다. 카메라를 향해 시선을 줄 줄 아는 정치인이다. 셔터 찬스는 많았고 사진은 쉽게 찍을 수 있었다.

장면 #2

남측 사진기자들의 접근을 최대한 허용했으며, 뒤에서 찍는 것을 허용했다. 일반적으로 각국 정상들의 뒤쪽에서 사진을 찍는 경우는 거의 없다. 남한의 청와대에서도 마찬가지다. 하지만 북한의 김정일 위원장은 남한의 사진기자들이 자신의 뒤쪽에서 사진을 찍는 것을 허용했다. 카메라와 김 위원장 뒤통수의 거리는 30센티미터밖에 되지 않았다. 위해를 가할 수도 있는 거리였다. 물론 북한 사진기자들이 김정일의 뒤쪽에서 그렇게 촬영하는 일은 없을 것이다. 명단을 확인하고 검색을 한 후 출입을 시키기는 했지만 북한은 남한 사진기자들에게 '통 크게' 취재의 자유를 보장해주었다. 하지만 이러한 북측의 통 큰 태도는 2005년 정동영 통일부 장관과의 회담이나 2007년 노무현 대통령과의 회담에서는 크게 변했다.

장면 #3

연출 요구에도 응했다. 6월 14일 밤 남북 정상은 평양 목란관 만찬에서 남북공동선언문 항목에 대한 합의를 극적으로 이뤄냈다. 만찬 초반에 김정일 위원장은 이희호 여사가 다른 좌석에 앉아 있자 헤드 테이블인 자신과 김 대통령 사이에 앉도록 권한 뒤 "여기에까지 와서 김 대통령이 관심이 지대한 이산가족을 만들어서야 되느냐"라고 조크를 해 만찬장에 참석한 사람들의 폭소를 자아냈다. 사진기자들은 만찬의

2000년 6월 14일 밤, 김대중 대통령과 김정일 국방위원장이 목란관 만찬에서 역사적인 남북공동선언문 서명에 앞서 맞잡은 손을 들어 올려 참석자들의 박수에 답하고 있다. 연출된 사진이다 (청와대 사진기자단, 2000년 6월 14일).

초반부에 잠시 허용되었던 포토 세션 시간만 취재하고 만찬장 밖으로 나갔다. 포토 세션이란 회의와 공식 행사의 일부만을 언론에게 공개하는 것으로 외교 행사에서는 일반적인 관례다. 그런데 사진기자들이 모두 밖으로 나간 상황에서 양국 정상 간의 대화는 급진전을 이뤘고 만찬 끝 무렵 두 정상이 남북공동선언문 항목에 합의하고 손을 맞잡는 극적인 상황이 벌어졌다. 당시 박준영 청와대 공보수석이 잠시 자리를 비우고 돌아왔을 때는 이미 상황이 종료된 후였다. 박준영 공보수석은 김정일 위원장에게 다시 한 번 손을 맞잡아 줄 수 있겠느냐며 조심스럽게 물었고 김 위원장은 흔쾌히 응했다. 김 위원장은 김 대통령에게 "그러면 우리 배우 노릇 한 번 더 합시다"라고 말하며 연단으로 나가 다시 포즈를 취했다. 사진기자들이 다시 만찬장으로 들어갔고 김대중 대통령과 김정일 국방위원장이 역사적인 남북공동선언문 서명에 앞서 손을 맞잡아 올리는 사진이 재연출을 통해 촬영되었다.

이러한 상황에 대해 북한은 2005년 발간한 6·15공동선언 발표 5주년 기념 사진집 『사진으로 본 5년』에 실린 "배우 노릇 한 번 더 합시다"라는 글에서 다음과 같이 소개하고 있다.

이 역사적인 순간을 촬영하지 못한 남측 기자들은 울상이 되어 있었다. 경애하는 장군님께서는 호탕하게 웃으시고는 김대중 대통령에게 "그러면 우리 배우 노릇을 한 번 더 합시다"라고 하시며 연단으로 나가시였다.

02. 남쪽 카메라와의 두 번째 만남

이에 비해 2007년 10월 제2차 정상회담에서 김 위원장을 가까이서 본 사진기자는 《세계일보》 신현경 기자와 청와대 전속 사진가뿐이었다. 당시에는 남쪽의 사진기자 9명이 노무현 대통령과 함께 방북했고 청와대 전속 사진가 2명이 동행했다. TV 방송용 카메라 외에 총 11대의 카메라가 동행한 것이다. 이들은 2박 3일간 양국 정상이 벌이는 역사적 사건들을 취재하거나 기록하기 위해 동행했다. 9명의 사진기자들은 청와대에 출입하는 서울 지역 종합 일간지 및 경제지 사진기자 중 선별되었다.

2000년 남북정상회담 때는 남측 사진기자들이 자유롭게 취재를 할 수 있었다. 북측에서 특별한 제한을 두지 않았기 때문이다. 하지만 2차 때는 달라도 너무 달랐다. 2박 3일간의 남북정상회담 기간에 기자들이 김 위원장을 직접 볼 수 있었던 것은 첫날 돌발적으로 이뤄졌던 공식 환영식이 유일했다. 그것도 수십 미터 떨어진 곳에 설치된 취재용 연단 위에서였다. 당시 남북 정상이 악수하는 모습을 2, 3미터 정도 떨어진 곳에서 촬영할 수 있었던 이들은 사진기자가 아니라 노무현 대통령의 전속 사진가와 《노동신문》 소속 김정일 위원장의 전속 사진가 2, 3명뿐이었다. 그러면 나머지 사진기자들은? 그들은 북측이 미리 마련해둔 취재용 연단에서 망원렌즈를 낀 채 멀리서 촬영하는 것에 만족해야만 했다.

2007년 10월 3일자 국내 신문에 게재된 양국 정상의 첫 악수 사진

2007년 제2차 정상회담 기간에, 북한은 제1차 정상회담 때와 달리 남측 사진기자들의 근접 촬영을 허용하지 않았다. 이 사진은 청와대 전속 사진가가 촬영한 것이다(청와대 사진기자단, 2007년 10월 2일).

은 사진기자들의 작품이 아니라 청와대 전속 사진가의 사진이었던 것이다. 사진기자들은 청와대가 제공한 사진을 인터넷으로 국내에 전송하는 역할만 했다.

방북 둘째 날인 3일 오전 정상회담 때는 기자단 접근이 아예 허용되지 않았고, 이때의 사진 역시 청와대가 제공했다. 당시 국내 신문들은 청와대 제공 사진이라는 정보가 없이 사진기자단이라는 크레디트로 전송되어온 사진을 아무 문제의식 없이 신문에 게재했다. 청와대 출입 사진기자가 김정일 위원장을 가까이에서 본 것은 3일 오후의 정상회담과 4일 '2007 남북정상선언' 서명식 때뿐이었다. 그것도 사진기자 한 명이 명목상 청와대 전속팀 명찰로 바꿔 달고 회의의 앞부분을 2~4분가량 지켜볼 수 있었다. 일반 취재기자와 방송국 기자들도 마찬가지였다. 김 위원장의 얼굴을 한 번도 못 보고 돌아온 기자들이 대부분이었다.

03. 2007년 북한은 왜 남측 기자들의 촬영을 막았을까?

북한이 어떤 이유에서 제2차 정상회담 때 1차 때에 비해 취재 제한을 많이 두었는지는 확인되지 않는다. 다만 2000년 제1차 정상회담 이후 남측의 취재 관행과 보도 행태에 대해 뭔가 불만스러웠던 부분이 있었을 것이라고 추측할 수 있다. 필자는 그것이 남측 사진기자가 김 위원장에게 말을 건넨다든지 너무 가까이서 얼굴을 찍는다든지

하는 것이 북측 관계자들에게 불쾌하게 느껴졌기 때문일 것이라고 본다. 2006년 평양을 방문했을 때 북한의 한 사진기자는 필자에게 "남측 사진기자들이 김 위원장에게 포즈를 취해달라는 부탁을 하는 것을 보고 놀랐다"고 했다. 북한에서 사진기자들이 김 위원장에게 그런 주문을 하는 경우는 거의 없기 때문이다. 2000년 제1차 정상회담 당시 첫날 백화원 초대소에서 양 정상이 악수를 할 때 ≪한국일보≫ 최규성 기자가 "여기 좀 봐주세요, 웃어주세요"라고 주문했고 양 정상은 카메라를 보고 활짝 웃어주었다. 김정일 위원장은 남북한 사진기자들에게 "잘 찍으세요"라고 말을 건네기도 했다. 이때 남쪽 사진기자들은 두 정상의 바로 뒤까지 다가가 과감하게 카메라를 들이 댔는데, 이 상황이 북쪽 경호팀(호위총국)으로서는 부담스럽게 느껴졌 을 가능성이 있다. 경호팀에게 사진기자의 카메라 렌즈는 둔탁한 무기가 될 수도 있는 것이다.

2000년도 제1차 남북정상회담 당시 남측 사진기자들은 청와대에 서보다 훨씬 가까운 거리에서 양국 정상의 모습을 촬영할 수 있었다. 청와대에서 사진기자들과 대통령의 거리는 대략 3~4미터 이상이어 서 주로 망원렌즈를 사용한다. 청와대에서 대통령의 뒤쪽으로 걸어 다니는 일은 경호실 직원들의 제지 때문에 불가능하다. 그러나 2000 년 김 위원장은 자신의 바로 뒤통수까지 사진기자들이 접근하는 것을 허용했다. 2000년 6월 정상회담을 취재했던 박영군 전 ≪서울신문≫ 기자는 "청와대보다 훨씬 자유분방한 분위기에서 취재할 수 있었다" 고 회고한다. 일단 검색을 통과하면 최대한 취재 편의를 제공했다는

정동영 통일부 장관이 2005년 6월 17일 낮 평양 대동강 영빈관에서 북한 김정일 국방위원장과
오찬을 하며 환담하고 있다. 통일부 제공으로 국내 언론에 배포된 이 사진은 북측 전속 사진가
가 촬영한 것이다. 우리나라 보도 사진과는 여백과 구도 면에서 많은 차이가 난다(통일부,
2005년 6월 17일).

것이 제1차 정상회담을 취재했던 사진기자들의 증언이다.

사실 북측이 남측 언론을 통제한 것은 제2차 정상회담이 처음은
아니다. 2005년 정동영 당시 통일부 장관이 '6·15공동선언 5주년
통일대축전' 정부대표단장 자격으로 평양에서 김 위원장을 만났을
때도 북측은 남측 풀 기자(대표취재를 위해 선발되어 방북했던 기자)의
취재를 허용하지 않았다. 방북 마지막 날 급하게 대동강 영빈관에서
이뤄진 회동이 끝난 후 북측은 통일부 김홍재 공보관에게 CD 한
장을 건넸고 김 공보관이 그것을 풀 기자에게 다시 건넸다. 그 CD에는
북측이 촬영한 사진 8장이 들어 있었고, 국내 매체들은 그 사진을
통일부 제공 크레디트를 달고 신문에 게재했다. 물론 제공된 8장의
사진은 북한식 촬영법에 충실한 사진, 즉 김 위원장을 부각시키고
불필요한 정보는 완전히 삭제한 사진이었다.

앞으로도 양국 정상 간의 회담이 열릴 텐데, 그때마다 북측의 일방
적인 요구로 전속팀에게만 두 정상의 모습을 촬영하게 하는 것을
되풀이해서는 안 될 것이다. 북측의 일방적 요구가 있다 하더라도
청와대가 북측을 설득해 남측 기자들이 취재할 수 있도록 여건을
만들어야 할 것이다. 경호상 필요한 부분이 있다면 사전에 기자단과
포토라인을 충분히 논의할 수 있다. 역사를 기록하러 간 기자들이
청와대 전속 사진가가 제공하는 사진을 전송하는 역할에 치중하거나
대변인이 전하는 말만으로 기사를 작성하는 것은 분명 바람직한 일은
아니다.

04. 남북 기자들의 몸싸움

글로 표현하는 취재기자와 달리 사진기자는 순간을 놓치면 그만이며 한번 기록된 사진은 영원히 남게 된다. 이 때문에 사진기자들은 그 결정적인 순간을 놓치지 않기 위해 취재 현장에서 몸싸움을 하는 경우가 있다. 사진기자들에게 몸싸움은 거의 본능에 가깝다.

필자는 2003년 8월 평양 순안공항에서 8·15민족대회 남측 대표단과 북측 환영 인파의 조우 장면을 취재할 때 북한 사진기자들과 몸싸움을 한 적이 있다. 좋은 자리를 차지하기 위해 다투고, 차지한 좋은 자리를 양보하지 않는 것은 북측 사진기자들도 남한의 사진기자들과 별반 다르지 않았다.

《세계일보》 이범석 기자가 1990년대 말 평양 취재 후 썼던 취재기에 따르면 북한에서는 몸싸움에서 매체의 영향력이 중요하게 작용한다. 즉 《노동신문》 또는 조선중앙통신 기자의 말 한마디에 혼잡스러운 취재 질서가 정리되더라는 것이다. 북한에서 가장 중요한 매체로 분류되는 《노동신문》과 조선중앙통신 소속의 사진기자들은 중요한 사건이 있으면 가장 좋은 자리를 우선적으로 양보받는다.

2000년 남북정상회담 당시에도 남북 사진기자들 간의 몸싸움이 있었다. 첫날 순안공항에서 이뤄진 김대중 대통령과 김정일 위원장의 역사적인 상봉은 기자들에게 사전 통보되지 않았기 때문에 극소수의 남북 사진기자들만이 취재했다. 남쪽은 《국민일보》 강민석 기자만이 취재했고 북쪽도 1명 정도만이 취재를 한 것으로 파악된다. 나머지

판문점을 넘어오는 노무현 대통령을 기다리는 북한 사진기자들(청와대 사진기자단, 2007년 10월 2일).

사진기자들은 남북정상회담이 백화원 초대소에서 이뤄질 것으로 예상하고 공항에 내리자마자 초대소로 향했다. 결국 강민석 기자만이 유일하게 역사적 현장을 기록할 수 있었다.

남북 정상의 두 번째 악수는 첫 번째 악수 장면을 놓친 사진기자들로서는 놓칠 수 없는 취잿거리였다. 평양의 환영 인파를 지나 백화원 초대소로 남측 사진기자들이 모두 모였다. 김대중 대통령이 먼저 초대소로 들어오고 남한 사진기자들이 자리를 잡았다. 김정일 위원장보다 약간 먼저 도착한 북한 사진기자들은 남측 기자들의 "왜 이래, 왜 이래"라는 말에도 아랑곳없이 남한 사진기자들 사이로 끼어들어왔다. 북측 기자들과의 격한 몸싸움 때문에 남측 취재진들은 크게 당황했다.

그렇다고 남한 사진기자와 북한 사진기자가 현장에서 같이 일을 할 때 적대적인 관계인 것은 아니다. 2003년 평양 능라도에서 열렸던 8·15민족대회 본 행사 때 만난 40대 후반의 사진기자는 취재용 사다리를 잠시 빌려도 되겠느냐는 필자의 부탁에 "넉살 좋구만"하고 웃으며 흔쾌히 사다리를 양보해주었다. 특별한 상황이 아니라면 그들은 바쁘게 일하는 우리보다 훨씬 여유 있게 취재하며 양보도 마다하지 않는다.

05. '찍지 마' 관광

북한에 들어가 취재하는 남측 사진기자는 그야말로 고생의 연속이다. 남들이 가보지 못하는 곳 그리고 한반도의 새로운 역사가 이뤄지는 현장이라는 자부심이야 있지만 취재 과정은 상상을 불허할 만큼 험난하다.

우선 복수의 북측 안내원이 일거수일투족을 감시한다. 사진기자들은 본 행사 이외에 이동 중인 버스 창밖으로 보이는 평양이나 개성 그리고 금강산의 실제 모습을 촬영하려고 기를 쓴다. 북측 입장에서는 자신들의 남루한 모습을 촬영해가려는 사진기자들이 못마땅할 테고 그래서 적극적으로 제지한다. 북한 취재를 경험해본 사진기자라면 자신이 속해 있는 매체가 보수적이든 진보적이든 상관없이 북측 안내원과 한 번 이상 언쟁을 해보지 않은 경우가 없을 것이다. 필자의 경우 가장 최근의 방북 취재였던 2006년 9월 대북 민간지원단체 활동 모습 취재 건으로 평양에 갔을 때 2박 3일 내내 "찍지 마시라"고 견제하는 안내원의 목소리에 노이로제에 걸릴 지경이었다.

남쪽에서 올라간 사진기자들은 워낙 많은 양의 사진을 찍어대기 때문에 북한 안내원의 입장에서는 지속적으로 통제할 수밖에 없다. 1990년 제2차 남북고위급회담 취재차 평양을 방문했던 11명의 남측 사진기자들은 3일간 4만 컷의 사진을 찍었다. 필름을 쓰던 시절에 그만큼을 찍었으니 디지털 카메라가 일반화되어 필름값 걱정이 없는 현재는 그 양을 셀 수도 없을 것이다.

2003년 여름 평양에서 방북단이 탄 버스 옆으로 전차가 지나가는 모습을 필자가 촬영하려
하자, 북측 안내원은 어김없이 "찍지 마시라"고 요구했다. 남북 간의 합의에 따라 버스로
이동하면서 사진을 촬영하는 일은 금지되어 있다는 것이 안내원의 설명이었다.

남쪽 기자들이 북쪽에 올라가서 부딪히는 또 하나의 난관은 사진 전송이다. 남쪽 인터넷 사이트에 접속하는 데 북한의 전화선을 주로 사용하기 때문이다. 북한의 통신시설은 그야말로 '되는 것도 없고, 안 되는 것도 없다'이다. 어떤 경우는 문제없이 되던 국제전화가 어떤 경우에는 똑같은 조건에서도 안 된다. 마감 시간이 임박해 사진이 전송되어오길 기다리는 동료들을 생각하면 피가 마르는 느낌이다. 통신 문제는 단순히 기술적인 한계는 아닌 것 같지만, 그렇다고 해도 그에 대한 정확한 이유는 북측 안내원도 남측 사진기자들도 모른다. 다만 북측이 사안에 따라서 마감을 방해하거나 적극적으로 도와주지 않는 경우는 있다. ≪한겨레≫ 김봉규 기자의 경험담 하나를 소개한다. "호텔에서 멀쩡히 되던 국제전화가 안 되는 거야. 너무 화가 나서 호텔방 천장을 향해 욕을 하고는 '너희들이 이렇게 하고도 민족 통일을 이야기하냐. 아직 멀었다'라고 큰소리를 쳤어. 신기하게도 금방 국제전화가 되더군." 많은 사진기자들은 북한의 호텔 측이 남측 기자들의 방을 도청하고 있으며 국제전화의 개통 여부도 그들이 통제한다고 믿고 있다.

이런 이야기를 하면 북쪽 사진기자들은 반대로 남쪽에 가면 자신들도 남측 정보당국의 통제 때문에 불편하다고 볼멘소리를 한다.

06. 남한의 이미지는 어떻게 그려지나

남한의 유명 영화배우 최진실이 북한 ≪노동신문≫에 실렸다. 그는 북한에 한 번 가본 적도 없고 북한 기자들이 그다지 관심을 가질 만한 인물도 아니다. 하지만 1999년 2월 1일자 ≪노동신문≫ 5면에는 그의 얼굴이 실린 것이다. "퇴폐적인 미국영화 수입을 반대하여 투쟁을 벌이는 남조선 인민들"이라는 사진의 맨 앞쪽에 최진실이 보이고 한국 영화배우 대여섯 명의 모습이 점점 작아지면서 보인다. 스크린쿼터 연장을 요구하는 영화인들의 시위 사진이다.

북한 ≪노동신문≫에는 매일 5면에 남한 사람들의 모습이 보도되고 있다. 거의 하루도 거르지 않는다. 북한 신문에 나타난 남한은 어떤 모습일까?

가장 많은 것은 시위 사진으로, 플래카드를 들고 시위를 벌이는 노동자, 농민, 학생들의 모습을 담고 있다. 현재 ≪노동신문≫에 실리는 남한 관련 사진의 80% 이상은 이런 사진이다. 최진실이 ≪노동신문≫에 실렸던 이유도 연예인이어서가 아니라 시위에 참가했기 때문이다. 시위 사진을 주로 싣다 보니 남한 사회에서 반북 성향을 가진 단체들의 시위 사진도 게재된다. 한국의 반북 단체들은 인공기와 김정일 초상화를 불태우는 등 아주 과격한 반공·반북 시위를 한다. 또한 반북 단체들은 반북 시위뿐만 아니라 반일 시위도 격렬하게 전개하곤 하는데, 일본 대사관 앞 반일 시위 사진이 ≪노동신문≫에 게재되기도 한다.

평양 시내 영광역 지하철 역 구내에서 한 시민이 ≪노동신문≫에 실린 남북정상회담 기사를
주의 깊게 읽고 있다(청와대 사진기자단, 2000년 6월 14일).

자연재해 또는 건물과 교량의 붕괴사고 등 사고 사진들도 자주 게재된다. ≪노동신문≫에 실린 사진만 보면 남한은 항상 데모가 일어나고 재해가 많은 사회다.

2000년 6·15남북정상회담 직전까지만 해도 '북한 천국, 남한 지옥'이라는 식의 사진 기획이 가끔 있었는데, 그 이후부터 이런 기획 보도는 거의 사라졌다. 예를 들어 2000년 3월 6일 5면에는 "행복과 불행의 두 절정"이라는 제목 아래 '미국에 무더기 입양되는 한국 유아들 관련 기사 사진'과 '실내 놀이터에서 놀고 있는 북한 어린이 사진' 두 장을 붙여 편집했다. 이런 류의 사진 기획은 구소련의 언론에서도 일반적인 형태였다. 국민대학교에서 북한학을 강의하고 있는 란코프 교수는 2005년 7월 필자와의 대화에서 '사회주의 천국, 자본주의 지옥'은 러시아에서 많이 사용했던 편집 방법이라고 말했다.

2000년 남북정상회담 이후 남북 간 민간 교류의 절정을 이뤘던 행사는 단연 2002년 9월 29일부터 10월 14일까지 북한 대표팀이 부산아시안게임에 참가한 것이었다. 북한은 318명의 선수단 외에도 293명의 응원단을 파견했다. 북한에서도 아시안게임이 진행되는 동안 ≪노동신문≫을 통해 메달 획득, 승리 소식, 응원 모습을 전했다. 사격에서의 금메달 소식, 여자 축구 소식, 함봉실의 여자 마라톤 우승 소식과 이를 남한 언론에서 대서특필한 소식, 북한 응원단과 남한 응원의 모습 그리고 선수단 귀국 등을 보도했다. 특히 대회가 끝난 후, 미녀 응원단의 활약상은 10월 17일자에 "인기를 독차지한 응원단"이라는 제목으로 "이번 제14차 아시아경기대회에서 우리의 응원단은 자기의 독특하고 훌륭한 응원 활동으로 만 사람을 매혹시켰다"
고 보도되었으며, 10월 30일자에서도 "7천 만의 환호, 자주통일열망
의 분출"이라는 제목으로 또 한 번 보도되었다.

여기서 궁금한 점 하나. 북한 매체에 실리는 남쪽 사진은 어디서
구한 것일까?

북한 신문, 특히 당 기관지인 ≪노동신문≫은 자체적으로 촬영한
사진을 지면에 게재하는 것을 원칙으로 하고 있다. 북한 내부에서
일어나는 일들도 다른 신문들은 통신사인 조선중앙통신의 사진을
많이 활용하지만 최고의 신문을 자랑하는 ≪노동신문≫은 되도록
자사 사진기자의 사진을 실으려고 노력한다. "권위 있게 만드는 데서
중요한 것은 …… 독자성을 강화하여 주로 자체의 자료들을 가지고
편집하는 것을 중요한 원칙"으로 삼고 있다. 하지만 1960년대 이후
사회주의 국가와도 정보를 활발히 교환하지 못함으로써 신문 제작에
필요한 외신 사진을 안정적으로 구하지 못하고 있다. 외신 면에 게재
되는 사진 대부분은 복사해 사용하는 상황이다.

2005년 3월 28일자 ≪노동신문≫ 5면에는 "일본대사관 앞에서
일본정부의 독도령유권 주장을 규탄하는 남조선 대학생들"이라는
제목과 함께 플래카드를 든 여대생들의 사진이 실려 있다. 플래카드
를 보면 "2005년 3월 9일 오전 11시 일본 대사관 앞 독도 영유권을
주장하고 역사의식 없는 일본정부를 규탄하는 한국 대학생 기자회견"
이라고 써 있다. 3월 9일 필자도 그 현장에서 취재를 했다. 물론
이 현장에 북한 사진기자는 없었다. ≪노동신문≫에 실리는 남쪽

사진은 남쪽의 출판물이 가장 큰 소스(source)인 것으로 보인다. 잡지와 신문 등은 일본과 중국을 통해 ≪노동신문≫ 편집국으로 들어갈 수 있고 ≪노동신문≫은 이런 출판물 등에서 사진을 오려 신문에 사용하고 있다. 최근에는 인터넷이 활성화되면서 남한 사진을 다운로드 받아 사용할 수 있는 환경이 점점 더 좋아지고 있다. 그러다 보니 ≪노동신문≫을 보면 한국의 사진기자들이 찍은 사진들도 많이 눈에 띈다. 필자가 소속된 신문사의 사진도 여러 장 발견할 수 있었다. 1991년 3월 10일자 ≪노동신문≫ 5면에 실린 "권투하는 국회의원" 사진은 ≪동아일보≫의 오강석 기자가 촬영한 특종사진이다.

07. 우리가 보는 북한은 어떤가

한번 생각해보자. 우리가 보는 북한 사람들은 어떤 모습인가.

- 대사관으로 뛰어들어가는 탈북자
- 민둥산 사이로 걸어가는 초라한 인민
- 거대하게 연출된 행사장 군중 속의 한 사람
- 영양 불균형으로 마른 얼굴의 어린이들

아마 이런 모습들일 것이다. 신문과 방송, 심지어 대북지원단체가 세상에 던지는 사진 속에서조차 북한 사람들은 음울한 표정으로 살아

남쪽 사진기자들이 방북하면 항상 북쪽 안내원들이 따라붙어 지정된 행사 이외에는 촬영하지 말라고 주문한다. 하지만 모든 것을 막을 수는 없다. 이 사진은 필자가 2003년 개성공단 착공식 대표취재를 위해 방북했을 때 선죽교 옆 도로로 도망(?)가서 찍은 것이다.

가고 있다. 이것이 북한의 진짜 모습일까? 부산 다대포항에 온 북한 미녀 응원단이 북한의 진짜 모습이 아니듯 위의 예들도 북한의 진짜 모습은 아니다. 본질이 아닌 이미지만 갖고 상대방의 모습을 일방적으로 보도하는 것에서 이제는 벗어나야 하지 않을까 생각하는 사진기자들이 늘어나고 있다.

2000년 제1차 남북정상회담 이전까지만 해도 ≪노동신문≫은 남한에 부랑자와 고아가 많다는 것을 보도 사진의 형식을 통해 증명하려 애썼다. 부랑자와 고아가 있는 것은 사실이다. 하지만 그 사진만으로 남한 사회를 설명할 수는 없다. 사실이지만 진실은 아닌 것이다. 남한이 보는 북한의 모습도 마찬가지다. 탈북자와 인민의 초라한 모습만으로 북한 사회를 설명할 수는 없을 것이다. 남한 기자들이 북한으로 취재를 갈 때 안내를 맡는 정보요원들은 이것저것 찍지 말라는 요구를 많이 한다. 자신들이 안내하는, 그리고 공개가 허용된 곳-예를 들면 주체탑, 만경대, 집체공연장, 평양 지하철 중 순화역, 인민 대학습당 등-만 취재해서 보도할 것을 기대한다. 그 마음은 충분히 이해할 수 있다. 자신들이 옳다고 믿는 체제와 사회의 부정적인 모습은 감추고 아름다운 모습을 부각시키려고 하는 것은 공직에 있는 사람들로서 당연히 취해야 하는 태도일 것이다. 하지만 북한이 남한 미디어에 공개하는 북한 사회의 모습에는 인민들의 구체적인 삶의 모습이 빠져 있다. 북한의 진짜 모습은 아닌 것이다. 구체적인 삶의 모습을 보여준다고 해서 체제의 안정이 흔들리지는 않는다고 본다. 사람이 살고 있다는 것을 남한 미디어를 통해 증명하는 것은 어쩌면

체제의 안정을 위해 더 유리할 수도 있다. 남쪽과 북쪽은 상대방 사회의 진실을 알리기에는 턱없이 부족한 이미지 정보를 독자들에게 전달하고 있다. 그리고 그 역할을 바로 사진기자들이 하고 있다.

08. 남쪽 보수단체 시위에 등장한 김정일의 얼굴

2005년 2월 27일 서울 종로구 탑골공원 정문에서 '김정일 독재 타도 대북지원 중단 촉구 3·1시민대회 기자회견'이라는 미디어 이벤트가 열렸다. 북핵저지시민연대(대표 박찬성)가 주최한 이날 행사에는 동원된 것으로 보이는 주부 10여 명이 피켓을 들고 있었다. 동원이라는 말을 쓰는 이유는, 피켓에 쓰인 단체는 자유청년연대, 자유개척청년단, 자유사랑청년연합, 자유청년개혁단 등이었는데 정작 그 단체의 피켓을 들고 있는 분들은 40~50대의 아주머니들이었기 때문이다. 피켓에는 외국 사람들이 알아보기 쉽게 영어 구호도 함께 쓰여 있었다. 참가자들은 6자회담 및 금강산 관광 중단, 개성공단 경제지원 중단 등 구호를 외치고 매번 그렇듯이 인공기와 김정일의 초상화를 불태우는 이벤트를 가졌다.

이날 등장한 김정일의 얼굴 사진은 누가 찍은 사진일까? 북한에서 찍은 김정일 사진은 아니다. 북한에서는 김정일의 얼굴 사진을 클로즈업해서 촬영하지 않는다.

집회에 등장한 사진은 지난 2002년 8월 23일 러시아 블라디보스토

2005년 2월 보수 단체 회원들이 서울 시내에서 김정일의 초상화를 훼손시키며 반북 시위를 하고 있다. 이 사진은 미국의 ≪파이낸셜 타임스≫ 2005년 2월 13일자에 실렸다.

크를 방문한 김정일을 러시아 현지의 사진기자가 찍어 AP통신을 통해 국내로 전송한 사진이다. 국내 잡지 등에 게재된 사진을 북핵저지시민연대 측에서 복사해 반북 시위용으로 사용한 것이다.

이날 시위는 국내 매체뿐만 아니라 AP, AFP, 로이터 등 국내에 상주하는 외신 사진기자들도 취재했고 전 세계로 전송했다. 외부 세계의 카메라에 찍힌 김 위원장의 얼굴은 때로는 유쾌하지 않은 의도로 사용되곤 한다.

09. 사진기자에게는 국경이 있다

사진 그 자체는 가치중립적이다. 하지만 신문에 보도되는 신문 사진과 그것을 찍는 사진기자들은 가치중립적이지 않다. 신문 사진은 누군가의 편을 든다. 드러내놓고 드느냐 숨어서 드느냐 정도의 차이가 있을 뿐이다.

사진기자들은 민족주의자들이다. 미국 사진기자나 한국 사진기자는 때로 자신의 조국을 위한 사진을 찍는다. 가령 한미정상회담이 있다고 하자. 두 정상이 악수를 한 채로 정면의 카메라를 바라본다면 두 정상의 얼굴이 모두 잘 보이는 사진을 선택해 신문에 게재한다. 만약 악수만을 하고 곧바로 자리에 앉는다면 둘 중 한 명의 얼굴은 상대적으로 잘 안 보일 수 있다. 사실 누구의 얼굴이 덜 보이는지에 대해 독자들은 잘 파악하지 못할 수도 있다. 하지만 사진기자들은 자국 대통령 얼굴이 좀 더 잘 보이는 자리에서 악수 순간을 기다린다.

2000년 6월 13일, 역사적인 남북정상회담을 위해 평양 순안공항에 내린 김대중 대통령과 김정일 국방위원장이 악수를 했다. 남쪽 사진 공동취재단의 강민석 기자는 두 정상의 거의 한가운데서 찍은 사진을 선택해 남쪽으로 전송했다. 사실 이 사진에서 주인공을 찾기란 쉽지 않다. 아니 두 정상 모두가 주인공이다. 북한은 어땠을까? 2000년 6월 14일자 ≪노동신문≫ 1면에도 남북 정상의 악수 사진이 실렸다. 하지만 김정일 국방위원장 얼굴이 더 잘 보이며 김대중 대통령은 뒷모습이 더 잘 보이는 사진이다. 이 사진은 나중에 북한에서 기념우표로 제작되기도 했다. 2007년 제2차 정상회담 사진도 크게 다르지 않았다.

2000년 남북정상회담을 보도한 ≪노동신문≫은 1면 사진을 고르면서 북한식 앵글을 선택했다. 우연이라고 하기에는 2007년 제2차 정상회담의 앵글과 너무 닮았다. 특정한 의도가 있는 구도다.

북한 평양에서 발행되는 ≪노동신문≫, ≪민주조선≫, ≪청년전위≫, ≪평양신문≫ 등 주요 4대 일간지가 일제히 남북정상회담 소식을 2007년 10월 3일자 1면 머릿기사로 다뤘다.

6장

북한의 사진기자들

얼떨결에 해방을 맞았을 때 제대로 사진을 알고 있는 보도사진가는 극히 드물었고 또 단시일 내에 사진가를 육성한다는 것은 그리 쉽지 않았다. 특히 당시 사진 예술을 비롯한 거의 모든 문화의 중심이 서울이었다는 점에서 북한 지역에서 제대로 된 사진가를 구한다는 것은 쉬운 일이 아니었다.

01. '1호'를 찍는 사람들

사진은 카메라가 만드는 것이 아니라 사람이 만드는 것이다. 렌즈를 선택하고 구도를 선택하고 빛의 느낌을 선택하는 것은 사람이다. 북한은 김일성·김정일의 사진을 찍는 인원의 수를 통제함으로써 대중 매체에 게재되는 이미지를 효율적으로 관리하고 있다.

《노동신문》은 1950년대 중반부터 김일성을 찍은 사진 아래에 사진기자의 이름을 게재해왔다. 문헌으로 확인되는 최초의 '1호 사진가'는 리대영이다. 그는 《노동신문》 소속으로 1950년대 중반부터 1960년대 중반까지 김일성을 전담했으며, 1956년 김일성이 소련을 방문할 때도 함께 가서 사진을 찍었다. 그 당시 《노동신문》에서는 가끔 한시환 기자와 유형목 기자도 '1호 사진가'로서 김일성의 활동을 촬영해 게재했지만 대부분은 리대영 기자가 촬영했다. 리대영 기자는 한국전쟁 당시부터 '사진보도사'에 소속되어 활동하던 사진작가로서 《노동신문》에서도 가끔 이름을 볼 수 있었다. 일종의 '종군기자'였던 셈이다. 1961년 김일성의 교시에 따라 북한에 문화예술총동맹이 생기고 그 산하 단체 형식으로 조선사진가동맹이 결성될 당시 그는 동맹의 부위원장을 맡는다. 그는 1967년 중반까지만 김일성을 가까이에서 촬영했고 그다음부터는 《노동신문》 사진기자들이 김일성을 직접 찍은 것 같지 않다. 조선중앙통신에서 제공한 사진을 게재한 것이다.

리대영과 함께 김일성 사진을 많이 찍었던 기자는 조선중앙통신사

소속 김승균 기자다. 김승균은 1956년 7월 11일자 ≪노동신문≫ 등
에 이름이 등장하기 시작하는데, 이때의 그의 소속 역시 '사진보도사'
로 되어 있다. '사진보도사'에 대한 구체적인 정보는 아직 없지만
일종의 사진 전문 통신사인 것으로 추정된다.

김승균은 1959년경부터 조선중앙통신사 사진부에 소속되어 김일
성 사진을 찍었다. 그는 최소한 1967년 상반기까지 김일성의 사진을
찍은 것으로 보인다. 김승균이 찍은 <황해제철소 평로 앞에 계시는
김일성 동지(1966년 5월 3일)> 사진은 현재까지도 김일성 화보집에
많이 등장하는 대표적인 사진이다. 김승균이 언제까지 '1호 사진가'
로 활동했는지는 확인되지 않는다.

'1호 사진가'에 대한 정보가 완전히 베일에 가려지기 시작하는
시기가 1967년이다. 이 1967년은 북한 정치사에서 중요한 해로서,
이때를 기점으로 김일성 유일체계가 확립된다. 1967년 이후 북한
≪노동신문≫에서는 김일성 사진의 촬영을 맡은 사진기자의 이름을
확인할 수 없다. 김일성의 사진 밑에는 '조선중앙통신사 제공'이라는
크레디트만이 붙을 뿐이다.

그러다가 1977년 1월부터는 기사와 사진이 함께 묶여 '본사정치보
도반'이라는 크레디트로 김일성의 활동이 보도된다. 이 본사정치보도
반 크레디트는 김정일 시대인 오늘까지도 이어지고 있다. 현재 ≪노
동신문≫ 본사정치보도반에서 작성한 기사와 사진은 국영방송인 조
선중앙방송에도 그대로 사용하고 있는 만큼, 이 팀은 ≪노동신문≫
만을 위해서라기보다는 '1호'의 동정을 가장 효율적으로 보도하기

김정일 시대에 '1호 사진' 밑에는 촬영가의 정보가 실리지 않는다. 일반 사진과는 다른 방식
이다.

위해 존재하는 것으로 보인다. 조선중앙방송의 '1호 방송원'은 ≪노동신문≫의 '1호 기사'를 토씨 하나까지 똑같이 읽는다.

2003년 7월 평양출판사에서 펴낸 사진집『장군님과 병사들』을 보면 김정일의 일거수일투족을 사진으로 찍은 사람이 리남영, 장희연으로 명시되어 있다. 하지만 이들의 소속이 어디인지는 알 수 없다. 또한 사진집에 나온 사진들은 ≪노동신문≫에 실렸던 같은 현장의 사진들과는 조금씩 차이가 있다. 따라서 현재 김정일을 촬영하는 사진가는 ≪노동신문≫ 본사정치보도반이라는 이름의 김정일 특별수행 취재팀 소속 사진기자들 외에 1~2명 정도가 더 있는 것으로 보인다. 2007년 제2차 남북정상회담 당시 양국 정상의 첫 만남이 이뤄졌던 4·25문화광장에는 극소수의 사진기자와 동영상 촬영기자들만이 들어갈 수 있었다. 남쪽에서도 청와대의 전속 사진가만이 접근할 수 있었으며 그것은 북쪽도 마찬가지였다. 엄밀히 따지자면 기자들은 접근시키지 않고 전속 사진가들만 두 정상의 악수 장면을 촬영할 수 있도록 허락한 것이다. 이때는 남측 소속 2명과 북측 소속 2~3명의 전속 사진가가 있었다. 필자가 평양에서 만난 북한 사진기자는 김 위원장 주변에 기록사진을 찍는 사진기자(취재팀)와 예술사진을 찍는 사진기자(화보팀)가 있다는 식으로 말했다. 우리가 조선중앙통신을 통해 받아보는 대부분의 '1호 사진'은 전속 취재팀이 촬영한 사진이고 화보팀의 사진은 부정기적으로 발행하는 화보집 등 출판물에 사용한다는 것이다. 따로 설명하겠지만 '1호 사진가'는 평양연극영화대학 촬영학부 또는 김일성종합대학 신문보도학부에서 양성하고 있는 것으로 파악된다.

02. 북한으로 끌려간 남쪽의 사진가들

한반도의 사진 역사는 김규진 씨가 1894년 서울 소공동에서 천연당이라는 사진관을 개업한 것에서 시작된다. 일제시대를 거치면서 사진은 일종의 새로운 문화이자 새로운 커뮤니케이션 방법으로 안착했다.

1945년 11월에 창간된 북한의 ≪노동신문≫은 1946년 10월 18일자에 "우리 민족의 령도자 김일성 장군 만세" 사진을 게재하는 등 창간 직후부터 사진을 실었다. 그렇다면 창간 당시 사진을 찍었던 사람들은 누구일까? 아쉽게도 당시 신문에 사진기자 또는 사진작가의 이름이 병기되지 않아 정확한 자료를 얻을 수는 없다.

1945년 8월 해방 이후 한반도에는 ≪동아일보≫, ≪조선일보≫를 필두로 하여 ≪한성일보≫, ≪대동신문≫, ≪대한독립신문≫ 등의 이른바 우익 계열 신문과 ≪조선인민보≫, ≪자유신문≫, ≪중앙신문≫, ≪현재신문≫, ≪독립신문≫, ≪중외신보≫, ≪해방일보≫ 등의 좌익 계열의 신문들이 재발간 또는 창간된다. 대부분의 신문사는 일제하의 신문 기획·취재·편집의 영향권에서 벗어나지 못하고 답습하기에 급급했다. 신문 사진도 당시 일본 사진가가 좌지우지하던 시절이라 그들이 물러가고 얼떨결에 해방을 맞았을 때 제대로 사진을

김일성은 1945년 10월 14일 평양 공설운동장에서 열린 '소련군 환영 군중대회'에서 처음 모습을 드러냈다. 탈북자들의 증언에 의하면 최초로 김일성 사진을 촬영한 사람은 일본인 사진관에서 조수로 일하던 서영신이다(≪동아일보≫ 자료 사진).

알고 있는 보도사진가는 극히 드물었고 또 단시일 내에 사진가를 육성한다는 것은 그리 쉽지 않았다. 특히 당시 사진 예술을 비롯한 거의 모든 문화의 중심이 서울이었다는 점에서 북한 지역에서 제대로 된 사진가를 구한다는 것은 쉬운 일이 아니었다.

공식적이지는 않지만 몇몇 탈북자들의 증언에 따르면 1945년 해방 직후 평양으로 개선한 김일성 장군을 촬영한 사진가는 서영신이다. 카메라를 얼굴 아래에 두고 앙각(仰角: 올려본 각)으로 촬영한 초기 김일성 초상사진 역시 그의 작품일 가능성이 높다. 그는 당시 일본인이 운영하는 사진관의 조수로 일하고 있었으며, 1980년대까지 평양 호텔에서 사진관을 운영하며 북한 인사들의 증명사진 등을 촬영했다. 그의 아들 서경섭은 북한의 시리즈 영화 <민족과 운명>에서 윤희상 역을 맡은 배우로 알려져 있다. 그러나 김일성의 얼굴을 최초로 촬영한 사진가가 서영신이라고 해도 그를 북한 최초의 사진기자로 보기는 어렵다.

북한 최초의 사진기자들은 1946년 10월 결성된 북조선사진동맹 소속 회원들이 아닐까 추측된다. 북조선사진동맹은 1946년부터 1953년까지 활동한 것으로 되어 있는데, 이문빈 회장을 제외한 소속 회원의 명단은 아직 확인되지 않고 있다. 이문빈 회장은 1947년 북한의 전국 예술축전 사진부문에서 '토지 개혁' 관련 사진으로 1위를 차지하기도 했다.

해방 직후 북한 사진계를 충원한 또 다른 축은 월북하거나 피랍된 남쪽 사진가들이었다. 1950년 한국전쟁이 일어나고 3일 만에 서울을 점령한 북한은 갑자기 터진 전쟁에 서울을 미처 떠나지 못했던 언론인 다수를 납치해 강제로 북송했다. ≪동아일보≫ 사진부장이던 백운선 기자도 이때 납북되었으며, 그 후 행적은 현재로서는 알 수 없다.

남쪽에서 활동하던 사진가가 자발적으로 월북했을 가능성도 존재한다. 최인진 교수가 쓴『한국사진사』에 언급된 '조선 사진예술연구회'는 1946년 3월 5일 서울 중구 명동에서 결성된 해방 이후 최초의 사진 연구단체인데, 박영진 회장을 포함해 58명의 회원 명단이 확인된다. 이 중 염병택과 김진수의 이름이 한국전쟁 당시 ≪노동신문≫에 '사진작가'라는 표기와 함께 게재된다. 또한 연구회 창립 당시 부회장이었던 이해선의 증언에 따르면 이태웅이라는 작가는 자진 월북했다.

03. 사진기자의 규모

북한의 사진기자는 몇 명일까에 관해서는 현황이 정리된 자료를 구할 수 없다. 그래서 ≪노동신문≫을 통해 직접 조사해보았다.

≪노동신문≫은 편집국, 주체사상리론선전부, 당력사교양부, 당생활부, 혁명교양부, 공업부, 농업부, 과학교육부, 사회문화부, 남조선부, 국제부, 사진보도부, 특파기자부로 구성되어 있는데, 사진기자들은 사진보도부에 소속되어 있다. 사진보도부는 예전에는 사진미술부

≪노동신문≫ 사진부 기자 시기별 명단

1975년 9월	림순직, 김정덕, 한상환, 로정빈, 고경화,
1980년 2월	림순직, 김정덕, 김종훈, 문룡규, 장청일, 채기철, 리명남, 한상환, 고경화, 박덕성
1991년 2월	림순직, 김정덕 ,문룡규, 장청일, 채기철, 오정인, 리명남, 김주화, 박인철
2000년 3월	림순직, 김종훈, 김성남, 김철순, 추석금, 리명남, 박인철
2005년 3월	김종훈, 리원국, 장청일, 추석금, 정순애, 강정민, 김광혁
2008년 1월	김종훈, 리원국, 장청일, 강정민, 김광혁, 리명남, 장성복, 오정인

또는 사진부라는 이름으로 불리기도 했다.

≪노동신문≫에 실린 사진 밑에는 '본사 사진기자 ○○○ 찍음'이라고 표기가 된다. 남쪽에서 바이라인(by-line) 또는 크레디트(credit)라고 표기되는 바로 그것이다. ≪노동신문≫은 1950년 9월 25일자 3면의 "우리 군의 진격을 용이케 하기 위해 지뢰를 탐지하는 용사들" 사진 밑에 '서상학 찍음'이라는 크레디트를 처음 붙였다. 이 크레디트를 분석해보면 몇 명의 사진기자가 있는지 확인해볼 수 있다.

≪노동신문≫은 1년 365일 발행하며 특별한 경우를 제외하고는 매일 6면씩 발행한다. 현장이 아닌 사무실 안에서 근무하는 인원을 고려하면 대략 10명 안팎의 사진기자가 있는 것으로 파악되며 이들은 대체로 1개월에 5~15건 정도의 사진을 게재한다. 참고로 2008년

2006년 평양 순안공항에서 만난 북한의 사진기자들. 이들은 필자를 비롯한 대표단의 기념사진을 촬영했고 그 사진은 다음날 아침 ≪노동신문≫에 게재되었다.

1월 현재 ≪동아일보≫ 사진부원은 부장과 지방 주재 인원를 포함해 18명이다. 강현두 교수에 따르면 북한의 신문기자 수는 약 4,000명으로 추산되며, ≪노동신문≫에는 약 150여 명의 기자가 있다. ≪노동신문≫에서 사진기자의 비율은 약 8% 정도다. 대부분의 신문사가 이 정도의 비율이라고 하면 북한에는 300~350명 정도의 사진기자가 활동 중이라고 추론할 수 있다. 남쪽의 사진기자 숫자(350~450명)와 거의 비슷하다.

04. 수습기자를 구별하는 법

김일성종합대학출판사에서 1989년 발간한 『신문학개론』에는 북한의 신문사 구조에 대한 자세한 설명이 있다. 북한에서 신문기자라고 하면 기사를 쓰는 집필기자와 사진을 찍는 사진기자 외에 논설원, 논평원, 지방서한부와 자료조사부(혹은 자료실)와 같은 부서의 내부 기자, 당 및 국가 공식 대표단을 따라다니며 보도 활동을 하는 수행기자와 종군기자, 본사기자와 특파기자(또는 주재기자) 그리고 미술편성원, 편집원들을 말한다.

이 중 사진기자는 "사진을 촬영·제작하여 신문에 내보냄으로써 현실을 있는 그대로 섬세하고 정확하게 반영하는 기자"다. 사진기자는 독자들이 현실에 대한 보다 정확한 인식을 가질 수 있게 한다. 사진기자들이 찍은 사진은 글과 함께 신문 지면을 더 다채롭고 환하

서울 워커힐호텔에서 열린 남북 이산가족 상봉행사장 주변을 취재하는 북한의 촬영기자들. 북쪽 기자들 역시 남쪽에 오면 정보요원들의 통제 때문에 마음 놓고 촬영하지 못한다고 불평을 한다.

게 하며 독자들의 시선을 집중시키는 기능도 수행한다.

그러므로 "사진기자들은 언제나 정치사상성과 보도성, 호소성과 선동성이 강한 좋은 보도 사진을 찍어내어 현실을 생동하고 실감 있게, 기동적으로 보여주기 위해 적극 노력하여야 한다"고 규정하고 있다.

개론서는 기자들의 자질에 대해서도 "기자들은 품성도 좋아야 한다. 기자들은 모든 사업과 생활에서 언제나 겸손하고 검박하며 소탈한 품성을 소유해야 하며 모든 면에서 남들의 모범이 되어야 한다"고 설명하고 있다.

남쪽의 경우 사진기자가 되려면 몇 가지 조건을 충족하고 몇 단계의 선발과정을 거쳐야 한다. 신문사별로 조금씩 다르지만 대체로 대졸 이상의 학력, 건강한 신체, 토익 830~900점 이상 등의 조건이어야 하며 선발과정은 상식시험, 논술 및 작문, 사진 실기, 면접 등이다.

면접을 통과해 입사합격통지를 받으면 수습기자(새내기) 생활이 시작된다. 수습기간이란 신문사에 제대로 적응할 수 있는지 여부를 회사와 본인이 직접 테스트해 보는 시간이라고 할 수 있다. 필자의 경우 6개월의 수습기간을 거쳤다.

북한의 경우는 어떨까? 북한 ≪노동신문≫에도 수습기간이 있는 것으로 보인다. ≪노동신문≫의 사진 아래에는 '본사기자 ○○○ 찍음'이라는 크레디트가 붙어 있는데, 가끔 '○○○ 찍음'이라는 크레디트가 보인다. 본사기자라는 말이 생략된 것이다. 본사기자 이외의 '찍음'의 주체는 크게 둘로 나뉠 수 있다. 첫째, ≪노동신문≫

이외의 사진기자 또는 사진작가일 가능성이다. 이러한 예는 1970년 대 신문에서 많이 나타나는데, 조선중앙통신사, ≪함북일보≫, ≪평남일보≫, ≪평북일보≫ 등의 사진기자들이 찍은 사진이 ≪노동신문≫에 실렸다. 또한 통신원의 사진도 있다. 둘째, 수습기자 기간을 거치고 있는 ≪노동신문≫ 사진기자의 사진이다. 2000년 5월 11일 1면 사진의 크레디트는 '강정민 찍음'이다. 남한으로 치면 수습기자가 찍은 사진이다. 강정민이 ≪노동신문≫에 처음 이름이 등장하는 것은 1999년 12월 19일자 1면 "평화화력발전연합기업소" 사진이다. 그리고 매달 평균 10여 장 안팎의 사진을 게재한다. 이때의 크레디트는 '강정민 찍음'이다. 그러다가 2002년 3월 21일 강 기자는 정식 기자로 승격한다. "300번째 세쌍둥이" 사진 아래에 '본사기자 강정민 찍음'이라고 표기된 것이다. 27개월가량 수습기자 생활을 했다고 볼 수 있다.

비슷한 시기 ≪노동신문≫에는 또 다른 수습기자가 있었다. 김성일 기자는 1999년 7월 16일자 1면에 "동평양기계공장" 사진으로 처음 등장한다. '김성일 찍음'에서 '본사기자 김성일 찍음'으로 바뀌는 시기는 2000년 6월 18일이다. 11개월 만에 정식 기자로 승격된 것이다.

수습기자 기간을 통과해 정식 사진기자가 되었다고 해서 평생 직업이 보장되는 것 같지는 않다. 강정민 기자는 살아남았지만 김성일 기자는 2008년 1월 현재 ≪노동신문≫ 지면에서 보이지 않는다. 중도 탈락한 것으로 파악된다. 대신 한광명과 전성남이라는 이름을 가진

2003년 평양에서 만난 북한 사진기자들. 남쪽 사진기자들과 비슷한 수준의 카메라를 사용하고 있었다.

두 명의 수습기자가 정식 사진기자가 되기 위해 노력 중이다. 한광명
은 2003년 7월부터 수습기자가 되었으며 전성남은 최근에 이름이
보이기 시작했다.

05. 매체의 영향력에 따라 달라지는 카메라 수준

북한 사진기자들에 대한 선입관 중 하나는 어려운 경제사정 때문에
구식 카메라를 쓸 것이라는 생각이다. 북한 사진기자도 디지털 카메
라를 쓸까? 당연하다. ≪노동신문≫이나 조선중앙통신 등 북한이
가장 중요하게 생각하는 매체의 기자들은 최소한 남한 기자들과 비교
해 카메라 장비 수준이 현저히 떨어지지는 않는다.

1990년 일본 지바에서 열린 국제 탁구대회에서 북한 사진기자들
을 만나 함께 취재를 해 보았던 ≪동아일보≫ 서영수 기자는 "1990
년 당시에도 북한 사진기자들의 장비 수준은 우리와 비슷했다"고
말한다.

2004년 7월 11일부터 13일까지 금강산에서 열린 제10차 남북 이산
가족 상봉행사를 대표 취재했던 ≪한국경제신문≫ 허문찬 기자는
당시 최신 장비였던 니콘(Nikon) D2H 카메라로 촬영하고 있는 북한
사진기자를 보았다. 당시에는 한국 사진기자들 중에도 니콘 D2H
카메라를 사용하는 사람이 드물었다. 카메라 등 촬영장비는 매체의
영향력에 따라 차등 지급하고 있는 것으로 보이며 ≪노동신문≫과

조선중앙통신 기자에게 우선순위를 둔다. 다만 남쪽 사진기자들처럼 렌즈를 많이 갖고 다니지는 않으며 특히 망원렌즈보다는 간단한 줌렌즈를 주로 휴대한다. 렌즈를 종류별로 넣어 7kg 정도의 카메라 가방을 항상 휴대해야 하는 남쪽 사진기자들로서는 간편하게 카메라 1대에 렌즈 1~2개만을 휴대하고 다니는 북쪽 사진기자가 가끔 부러울 때도 있다. 북쪽 사진기자들은 남쪽 사진기자들이 많이 앓고 있는 직업병인 등뼈가 약간 휘는 요추만곡증이나 목디스크로부터 자유로울 가능성이 높다.

북쪽 사진기자들이 쓰는 카메라 종류는 무엇일까? 니콘 또는 캐논(Canon)에서 나온 디지털 카메라를 주로 쓰는데 니콘의 비중이 훨씬 높다. 북쪽 사진기자들이 겪는 가장 큰 어려움은 장비가 고장났을 경우 수리를 맡기는 것이 쉽지 않다는 것이다. A/S센터가 북한에는 아직 없기 때문이다. 일본에 수리를 맡기기 위해 화물선 등을 이용하거나 그렇지 않으면 그냥 버린다.

06. 여성 사진기자

사진기자는 무거운 장비를 들고 때로는 험한 현장을 오랫동안 지켜야 하는 직업이라서 대체로 남자들의 전유물로 인식된다. 필자가 소속된 ≪동아일보≫의 경우 1920년 창간 후부터 현재까지 신문과 잡지 쪽을 합쳐 모두 92명의 사진기자가 있었는데, 그중 여자는

2003년 평양에서 만난 여성 방송 촬영요원.

2003년에 입사한 김미옥 기자 단 한 명뿐이다.

북한은 어떨까? 김동철 전 ≪동아일보≫ 사진부장이 지난 1990년 남북장관급회담 취재차 방북했을 때 남포항에서 ≪노동신문≫ 여성 사진기자를 만났다.

당시 남포항을 배경으로 전체 기념촬영을 촬영하고 싶었던 김동철 기자는 그 여성 사진기자에게 촬영을 도와달라고 부탁했다. 이에 김 기자는 남측 대표단을 데려오고 북한 여기자는 북측 대표단을 데려와 남포항을 배경으로 기념촬영을 했다. 당시 여기자의 나이는 30대 후반 정도였으며 그 남편도 ≪노동신문≫ 기자라고 자신을 소개했다.

그 후 필자는 2005년 서울의 한 호텔에서 열린 남북 회의를 취재하던 북한의 한 사진기자를 통해 현재 북한에 3명의 여성 사진기자가 있다는 것을 확인할 수 있었다. 그 사진기자에 따르면 현재 북한에는 조선중앙통신사, 외국문종합출판사, 조선사진선전사 등에 각 1명씩의 여성 사진기자가 있다. 조선중앙통신사 소속의 여성 사진기자는 2006년 평양에서 얼굴을 한 번 보았다. 20대 후반의 나이로 키가 컸다. 현재 ≪노동신문≫ 사진부에는 여성 사진기자가 없는 것으로 보인다.

07. '뽀샵' 사진도 있다

네티즌을 비롯한 한국의 아마추어 사진가들에게 포토샵 프로그램은 필수다. 색을 밝게 하거나 글을 넣는 등 이미 찍힌 사진 위에 새로운 요소를 가미해 작품을 만들어낸다. 이력서 사진에 '뽀샵 처리'를 해 자기 모습을 좀 더 우아하게 보이게 하는 것은 일상적인 일이 되었다. 사진기자들에게도 포토샵은 가장 보편적인 사진편집 프로그램이다. 포토샵의 편리성 때문에 때때로 사진기자들은 신문에 쓰이는 사진을 조작하고픈 '유혹'에 빠진다. 물론 빈도는 아주 낮다.

사건 사고 사진을 조작하는 경우는 거의 없지만 계절의 변화 등을 소재로 하는 스케치 사진의 경우 여러 사례들이 있다.

북한에도 포토샵이 있을까? 그들도 포토샵을 이용해 사진을 가공하거나 조작할까?

북한 사진기자들이 포토샵을 쓰는 것을 직접 본 남한 기자는 아직 없는 것 같다. 남북농구대회, 이산가족 상봉행사 등에서 북한 기자들과 함께 취재를 하긴 하지만 기자실을 따로 쓰기 때문에 그들이 찍은 사진이 노트북 컴퓨터에서 어떤 가공 과정을 거치는지는 확인하지 못하고 있다.

다만 필자는 몇 가지 정황에 비춰볼 때 그들도 포토샵을 사용하고 있다고 판단한다. 첫째, 신문에 게재하는 사진의 파일 크기가 다르다는 점이다. 가령 2005년 2월 13일자에 실린 백두산 현지 모습 사진은 해상도가 떨어진다. 이것은 사진기자가 전화선을 이용해 사진을 전송하기 위해 파일 사이즈를 작게 만들 때 나타나는 현상이다. 파일 사이즈를 줄였다는 것은 편집 프로그램을 사용했다는 의미다.

둘째, 사진 조작이 있다. 2005년 6월 4일자 ≪노동신문≫ 2면에

북한의 화보집에 자주 등장하는 김정일 위원장 생일 축하행사 사진. 조작의 가능성이 있다(≪금수강산≫).

게재한 "참배객들" 사진에 등장하는 인물 중 최소한 2명은 옆의 사진에서 복사해 집어넣은 사람이다.

셋째, 밝기를 조절한 사진이 있다. 2005년 2월 초에 발간된 화보잡지 ≪금수강산≫에는 <절세의 위인의 탄생일을 경축하여 백두산 밀영 고향집의 하늘가에 축포가 오른다>는 사진이 게재되었다. 남한의 불꽃놀이 사진과 비슷하다. 김정일의 생가 앞에 모인 사람들이 정일봉 위에서 터지는 폭죽을 보고 있는 장면인데, '정일봉'이라고 쓰여 있는 바위가 카메라의 플래시 불빛을 받은 것처럼 하얗게 빛나고 있다. 사람들과 정일봉의 거리는 300m가 넘는다는 것이 탈북자들의 증언이다. 사진의 광학적 특성상, 카메라와 가까이 있는 사람들은 어두우면서 멀리 떨어져 있는 바위만 밝을 수는 없다. 또한 불꽃의 궤적이 그다지 길거나 촘촘하지 않은 것으로 보아 산과 바위를 밝힐 만큼 밝은 폭죽도 아니다. 이는 포토샵을 활용했을 때 정교하게 구현할 수 있는 사진이다.

넷째, 자체적으로 발명한 사진 편집프로그램이 없기 때문이다. 북한은 20~30년 전부터 과학기술에 대해 강조하고 있으며 '조선콤퓨터센터'를 설립하는 등 소프트웨어 개발에도 전력을 다하고 있지만, 아직까지 사진 편집프로그램을 개발했다는 광고는 나오지 않았다. 하지만 이미 정교한 사진편집이 이뤄지고 있다.

김정일과 김일성의 사진도 '뽀샵 처리'를 할까? 전체적으로 볼 때 샤프니스(sharpness: 선예도, 인쇄물에서 인쇄된 부분과 바탕의 경계가 뚜렷한 정도)를 올리거나 브라이트니스(brightness: 밝기 조절)를 하긴

하지만 크로핑(cropping: 잘라내기)과 스탬프(stamp: 붙이기)를 통해 얼굴 턱선을 조작하는 포토샵 처리는 하지 않는다. 얼굴이 그다지 드러나지 않는 전신사진을 주로 사용하기 때문이기도 하고 얼굴을 크게 보여줘야 할 경우에는 그림(초상화)을 사용하기 때문이다.

08. 북한에서 사진기자가 되려면

북쪽에서는 어떤 사람들이 사진기자가 될까?

공산주의 국가에서 언론이란 하나의 정치적 기구이기 때문에 언론활동도 정치활동이고, 언론인이라는 직업인은 공산당의 핵심 당원에 해당한다. ≪노동신문≫은 북한 권력의 핵심인 조선노동당의 기관지이다. 따라서 기자들은 사상이 투철하고 당성이 뛰어난 사람들이어야 한다. 무거운 장비를 들고 하릴없이 서 있거나 걸어야 하는 경우도 있으므로 신체도 건강해야 한다. 또한 신문사 선배로부터 사진기술을 배우는 도제식 교육방식을 경험한 결과 위계질서가 확실한 조직 속에서 일하고 있을 것이다.

북한 사진계 및 보도 사진에 대해 정확한 정보를 줄 수 있을 만한 탈북자는 아직 없다. 다만 북한을 취재한 기자들과 탈북자들의 증언을 종합해보면 어느 정도 윤곽은 잡을 수 있다.

1990년 평양 남북고위급회담 취재차 방북하여 평양과 남포 등을 취재하고 온 ≪동아일보≫ 김동철 기자는 당시 만난 북한 기자 여러

명에게 대학에서의 전공을 물었다. 대부분이 5년제 정규대학에서 사회과학 관련 학과를 졸업했다고 대답했다. 김 기자는 북한 사진기자들이 사진기술에 대해서는 선배들로부터 도제식으로 전수받는 것 같았다고 말했다.

탈북하여 국내에 정착 중인 탈북자들의 말을 종합하면 북한에도 사진학과가 있는 것으로 보인다. 북한 기자였다가 현재 남한에서 기자 생활을 하는 한 탈북자에 따르면, 북한 평양연극영화대학에는 사진과(4년제)가 있으며 이곳을 졸업한 사람들은 당성에 따라 '배치' 되는 것으로 알려져 있다.

지난 2005년 7월 서울에서 열린 남북 경제협력추진위원회 제10차 회의에는 북한에서 모두 3명의 기자가 왔는데, 이들과의 대화를 통해 북한 사진기자 선발 방식에 대한 정보를 조금 얻을 수 있었다. 이들에 따르면 현재 북한의 평양연극영화대학에는 촬영학부가 있으며 학과로는 사진학과, TV촬영학과, 영화촬영학과 등 3개 학과가 있다. 사진학과를 졸업하면 자격증을 받게 되며 이 자격증이 있어야 신문사에 입사할 수 있다는 것이 이들의 증언이었다. 사진학과를 나와야만 사진기자가 될 수 있다는 것이다. 하지만 정식 사진학과 이외에도 사진기자가 될 수 있는 과정이 있는데, 김일성종합대학 어문학부 신문과 등이 그것이다. 2006년 평양에서 만난 한 사진기자도 이 대학 출신이었는데, 그는 교양과정으로 1년간 사진 과목을 수강했다고 말했다.

북한에 사진학과가 생긴 것은 김정일과 관련되어 있다. 김정일은

1998년 8월 평양 시내의 사진관 앞 풍경. 사진관은 개인이 일본, 중국에서 기자재들을 들여와 운영한다. 공식적으로는 국영기업소지만 돈을 내면 운영권을 얻을 수 있다.

1971년 7월 8일 평양연극영화대학 교직원들 앞에서 한 연설 "영화예술교육사업에서 사회주의 교육학의 원리를 철저히 구현할데 대하여"에서 "사진촬영가에 대한 사회적 수요도 매우 높습니다. 사진이 완전히 예술화되고 사진보도사업이 국내외적으로 활발하게 벌어지고 있는 오늘의 현실은 사진촬영가대렬을 더욱 늘이고 사진의 사상예술적 수준을 끊임없이 높일 것을 절실히 요구하고 있습니다. …… 지금 조건에서는 영화대학에 방송학과와 사진촬영학과를 내오고 거기서 정치사상적으로, 기술적으로 튼튼히 준비된 방송원과 사진촬영가들을 키워내는 것이 제일 좋습니다"라고 천명하고 있다.

평양연극영화대학은 1953년 11월 종합예술학교로 설립되어 1959년 영화연극인 양성을 위해 평양연극영화대학으로 개편되었다가 1972년 7월 4년제 대학으로 확대 개편된다. 북한에 4년제 과정의 사진학과가 생긴 것은 이 시기부터인 것으로 추정된다. 영화를 전공한 탈북자에 따르면 현재 평양영화연극대학은 4년제인데 배우학부, 촬영학부, 문예행정학부, 연출학부, 문학학부 등 5개 학부로 구성되어 있다. 촬영학부에는 영화촬영과, 비디오촬영과, 사진촬영과가 있으며 2000년경 사진촬영과의 강좌장(학과장)은 김광일이다.

남쪽의 경우 1965년부터 대학 졸업자를 대상으로 실시한 공채 제도가 정착되어 사진기자들의 학력은 대졸 이상이 대부분이다. 사진기자니까 사진학과를 나오지 않았을까 생각하는 사람들이 많지만 서울에서 발행되는 일간지 사진기자 중 사진학과 출신의 비율은 10%를 넘지 않으며 정치외교학과, 사회학과, 신문방송학과 등 사회과학 관련 학과와 국문학과, 영문학과 등 어문학과 계열이 대다수를 차지한다. 필자가 소속된 회사의 경우 무기재료공학과와 건축공학과, 수학과 출신도 있다. 필자는 중국어를 전공했다.

09. 데드라인

마감 시간 혹은 데드라인(deadline). 사진기자들에게는 피를 말리는 단어다. 사진기자들은 "마감만 없다면 세상에서 제일 즐거운 직업이 사진기자일 것"이라는 농담을 자주 한다. 주어진 시간까지 사진을 송고하는 행위, 즉 마감은 그만큼 사진기자들에게 스트레스다.

주어진 상황에서 최선을 다해 찍은 사진은 마감 시간 내에 신문사에 도착해야 한다. 어떤 수단과 방법을 가리지 않고 말이다. 제 시간에 사진이 들어가느냐 못 들어가느냐 하는 것은 신문 제작에 필수적인 요소다. 꼭 들어와야 할 사진이 안 들어와 인쇄가 늦어진다면 새벽 신문 배달에까지 영향을 미친다. 그러므로 사진기자들에게 마감 시간은 생명과 같다. 수습기자 시험을 칠 때도 '시간 엄수'를 중요한 채점 기준으로 삼는다.

예전의 필름 시대, 그러니까 1999년 말까지는 보도 차량을 타고 회사로 들어와야 마감을 할 수 있었다. 현상기와 스캐너가 회사에 있기 때문이다. 물론 지방이나 해외 출장일 경우 간이 현상약 세트와 간이 스캐너 그리고 전송기를 갖고 가서 처리했다. 디지털화가 되고

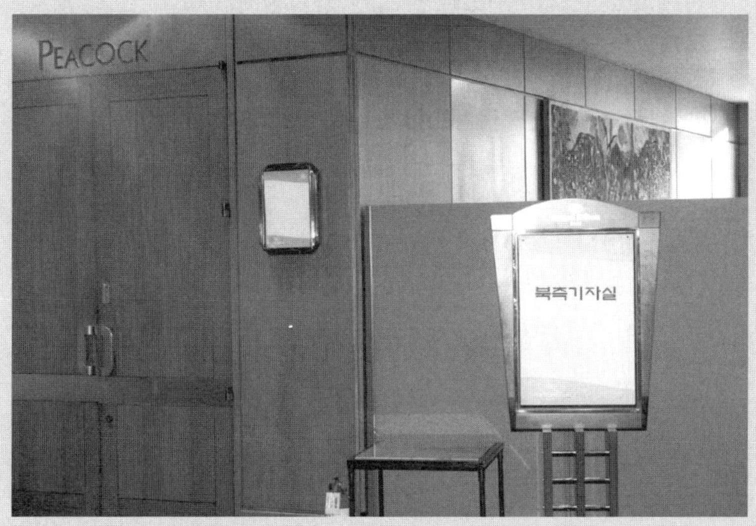

2007년 서울 그랜드힐튼호텔. 남북 경제협력회의 취재를 위해 북쪽 기자들이 내려왔지만 프레스센터가 아닌 별도로 마련된 공간에서만 머물렀다.

나서는 전송이 한결 쉬워졌다. 칩을 노트북에 꽂고 무선 모뎀을 활용하면 어디에서든지 전송할 수 있다.

그렇다면 북쪽 사진기자들도 마감 시간에 쫓기면서 일을 할까?

북한 사진기자들이 노트북이나 인터넷을 통해 사진을 전송하는 장면을 직접 본 남한 사람은 아직 없는 것 같다. 국제대회나 남북 교류행사에서 만나더라도 북한 사진기자들은 기자실을 이용하지 않고 별도의 공간에서 기사작성 및 송고를 하기 때문이다. 평양 또는 금강산에서 만난 북한 사진기자들은 사진 송고를 위해 아등바등하는 모습을 보이지는 않았다. 전송을 하지 않는다는 느낌이 들 정도다.

《노동신문》을 분석해보면 북한에도 기사 및 사진 송고, 즉 데드라인을 지키기 위한 전송 시스템이 있다. 2002년 부산아시안게임 당시 《노동신문》을 보면, 10월 13일 여자 마라톤에서 우승한 함봉실의 사진 두 장이 14일자 《노동신문》 1면에 실려 있다. 남한의 전화선을 통해 북한의 본사로 사진을 전송했다는 증거다. 하지만 전송된 사진의 상태는 그다지 좋지 않다. 파일 사이즈를 크게 보내지 않은 것 같은데, 그것은 국제전화의 상태와 관련이 있다고 보인다. 전화선 속도가 좋으면 이미지 파일을 크게 전송해도 금방 전달할 수 있지만 전화선 속도가 좋지 않으면 부득이하게 해상도를 낮춰 보내야 하기 때문이다. 남한 기자들이 북한 지역에서 남한으로 사진을 전송할 때도 파일의 사이즈를 평소 화면 크기의 반 이하로 줄여 보낸다.

북한 내부에서도 기사 및 사진 전송이 이루어진다. 2005년 3월

21일 ≪노동신문≫ 3면 "백두산 삼천리벌에서 감자농사를 개척하고 있는 대홍단군제대군인들" 기사 아래에 보면, '글 및 사진 본사기자 윤용호, 본사기자 박철(현지에서 전송)'이라는 크레디트가 보인다. 백두산에서 평양으로 사진을 보낸 것이다.

하지만 대부분의 북쪽 사진기자들은 시간에 쫓기며 일하지는 않는다. 속보성보다는 내용이 중요하기 때문에 천천히 사진을 골라서 천천히 게재한다. 남쪽 기자들보다 훨씬 느긋하게 일한다고 할 수 있다.

10. 할아버지 사진기자

사람의 눈은 다 비슷해서 좋은 사진은 한 번에 알아볼 수 있다. 좋은 사진의 뒤에는 그 사진의 주인인 사진기자가 있다. 사진기자 세계에서는 경쟁 관계에 있는 모든 사진기자를 따돌리고 혼자 훌륭한 사진을 찍어내면 특종을 낚은 것이 된다. 또한 해마다 세계적인 특종 사진에 대해서는 상이 주어진다. 중국의 반(半) 공영통신사인 중국신문사 사진기자 장웨이를 만나 이야기를 나눈 적이 있는데, 그에 따르면 사회주의 중국에서도 세계보도사진전(World Press Photo) 등 국제적인 사진 콘테스트에서 수상한 경력이 있는 사진기자를 제일로 친다고 한다. 국제무대에서 좋은 평가를 받은 사진을 국내에서도 좋은 사진으로 평가하기 시작한 것이다.

2004년 아테네 올림픽을 취재 중인 세계 각국의 사진기자들. 몇 년이 지나야 이 중에서
북한 기자를 만날 수 있을까?

같은 사회주의 국가지만, 북한 사진기자들이 국제 사진계에서 인정을 받기 위해 노력한다고 보이지는 않는다. 북한의 사진기자들은 국내에서 인정받으려고 노력한다. 1971년 11월 29일 북한 최고인민회의 상임위원회는 '인민기자', '공훈기자' 칭호를 다시 제정했다. 1993년 조선사진가동맹 전체회의를 보도한 기사를 보면 당시 북한 사진기자 중에 공훈기자가 있다는 것을 알 수 있다.

공훈기자의 칭호를 받았는지 여부는 확인되지 않지만, ≪노동신문≫에서 필자의 눈을 가장 끌었던 사진기자는 림순직이다. ≪노동신문≫ 사진은 대부분 흑백사진인데, 흑백사진의 묘미는 다양한 톤의 표현과 대비(contrast)의 풍부함에 있다. 컬러 사진과 달리 빛을 잘 이용해 톤과 대비를 섬세하게 살리는 게 중요하다. 그렇게 찍힌 사진은 눈에 금방 띈다. 림순직의 사진이 그렇다. 또한 그의 사진은 구도가 안정적이고 억지가 없어 편안한 느낌이 든다.

림순직 기자의 사진이 처음 ≪노동신문≫에 등장하는 것은 1964년 10월 3일이다. 6면에 "과일이 풍년이다"는 제목으로 실린 사진이다. 마지막으로 이름이 등장하는 것은 2002년 3월 20일이다. 1면에 실린 "냉상모판 씨뿌리기" 사진인데, 냉상모판이란 북한에서 개발한 논농사 방법을 말한다. 이 사진을 끝으로 그의 이름은 ≪노동신문≫에서 사라진다. 무려 38년 동안을 ≪노동신문≫ 사진기자로 활약한 것이다. 만약 25세에 사진을 찍기 시작했다면 63세까지 현장을 지켰다는 뜻이다. 남쪽에는 비슷한 경력을 가진 사진기자로 뉴시스 통신사의 권주훈 기자가 있다.

11. 독자 사진이 있을까

사진은 개인에게는 취미와 기념에 불과할지라도 학자들에게는 중요한 연구 자료가 될 수 있다. 현재 남한을 비롯한 외부 세계가 북한을 알기 위해서 볼 수 있는 사진의 종류는 크게 세 가지다.

우선 신문과 잡지, 출판물 등을 통해 북한이 공식적으로 제공하는 사진이 있으며, 둘째로 사진기자와 방문객들이 촬영해 발표하는 사진이 있다. 셋째는 북한에 반대하는 NGO가 북한 내부 협력자들을 통해 입수하는 사진이다. 첫 번째와 두 번째의 경우는 정도의 차이가 있지만 이미 나올 만한 사진은 다 나왔다고 해도 과언이 아닐 것이다. 북한이 보여주고 싶은 이미지들은 다 보여준 것이다.

북한 경제와 사회 분야의 오늘을 가장 잘 보여주는 사진은 아무래도 북한 주민들이 직접 찍은 사진일 것이며, 그중에서도 어떤 '의도'도 없이 '솔직하게' 찍은 사진들일 것이다.

북한 주민들이 '솔직하게' 찍은 사진들을 볼 수 있을까? 북한의 신문에도 독자 사진이 있을까? 북한의 저널리즘 교재에는 "신문사의 대중사업은 광범한 대중과 긴밀한 련계를 맺고 신문의 실효성과 신문에 대한 독자 대중의 요구와 의견을 체계적으로, 전면적으로 접수함으로써 편집사업에서 주관주의와 형식주의를 극복하고 내용과 형식을 대상의 수준과 요구에 맞게 개선하는 사업일 뿐만 아니라 로동자, 농민, 군인, 청소년학생들, 간부와 당원들이 신문지상에 글을 많이 쓰도록 의도적으로 조직하여 진지하게 지도방조하는 사업"이라고

북한의 사진집에 실린 '예술사진'. 강아지의 재롱에 활짝 웃는 어린이의 천진난만한 모습에
서 체제를 뛰어넘는 동질감을 느끼게 된다.

하여 독자의 참여를 인정하고는 있다. 실제로 1970년대까지는 통신원이라는 명칭으로 각 기업이나 공장 등의 노동자들이 직접 찍은 사진이 ≪노동신문≫에 실렸지만 지금은 그런 경우가 없다.

하지만 잡지의 경우 독자 사진이 실리는 경우가 있다. 잡지 ≪등대≫ 2004년 6월 30일자에 보면 총 62쪽 중 54쪽과 55쪽이 "독자들이 보내온 사진작품 중에서"라는 제목 밑에 총 4장의 컬러 사진을 게재하고 있다.

<흠모의 노래를 부르며(김옥성 작)>는 유럽인이 화환 앞에서 노래를 부르는 사진이고, <선군조선의 미래(어금성 작)>는 군복을 입은 채 경례하는 어린이를 안아주는 40대 외국 여인의 모습을 담고 있으며, <불멸의 꽃 김일성화에 매혹되어(로남철 작)>는 금발의 백인 아가씨가 김일성화에 코를 대고 눈을 감고 있는 사진이다. <앞날의 태권도 강자로(김강호 작)>는 남녀 어린이 두 명이 태권도 교육을 받는 모습을 담고 있다.

위의 예에서 알 수 있듯이 현재 북한의 신문에는 독자 사진이 없고 잡지에 가끔 실릴 뿐이다. 하지만 대부분의 독자 사진 역시 정치색을 강하게 띠고 있다.

현재 외부에서 북한을 연구하는 많은 학자들은 통일 이후 전문가가 아닌 일반인이 직접 찍어 보관한 사진들이 많이 쏟아져 나오길 기대하고 있다. 구소련이 해체된 후 많은 학자들이 이런 사진들을 발굴해 연구의 소재로 삼았다. 일반인들이 자신들의 일상을 기록해놓은 사진들은 단절되었던 두 사회가 서로를 이해하는 데 도움이 될 것이다.

특히 북한은 1960년대 말 이후 외부 세계에 대해 자신들의 정보를 내놓지 않았기 때문에 사진을 통한 역사 복원의 중요성은 다른 국가들보다 훨씬 크다.

북한 주민들 사이의 카메라 보급률은 얼마나 될까? 아무도 자신 있는 답을 할 수는 없다. 통계학자나 사회학자의 관심이 아니기 때문이다. 그러나 '현재는 웬만한 가정 대부분에 있다' 정도로 표현할 수 있을 것이다. 북한 주민들 사이에도 어느 정도 카메라가 보급되어 있는 것으로 보인다. 북한에서 영화를 전공한 한 30대 탈북자는 "지방은 모르겠지만 평양의 경우 40~50%가량의 가정에 카메라가 있다"라고 증언했다. 그는 북한 주민들이 갖고 있는 것이 대부분 필름 카메라이며 형태는 우리가 '똑딱이 카메라'라고 부르는 콤팩트 카메라라고 말한다.

또한 평양을 비롯한 도시에서는 사진관을 쉽게 볼 수 있으며, 필름의 현상과 인화에 드는 비용은 굳이 달러가 아니더라도 내화로 지불할 수 있으므로 주민들이 이용하는 데 큰 문제가 없다고 한다.

12. 누드사진만 빼고 다 있다

당연한 이야기겠지만 북한에도 정치사진 이외에 다양한 종류의 사진이 있다. 우리와 달리 누드 사진만 없다고 할 수 있다. 언젠가 북한 국적의 재일교포 사진작가가 누드 작품을 발표했다는 보도가 있었지만 북한 내부에서 발표되지는 않았다.

북한은 정치사진 이외의 사진을 '예술사진'으로 부른다. 북한에서 공식적으로 나온 예술사진집들을 보면 풍경사진이나 요리사진도 있으며, 전문 조명시설을 이용해 도자기와 문화재를 찍은 정물사진도 있다. 사람의 얼굴만 찍은 '인물초상사진집'도 있다고 한다. 사진집을 출판하는 곳은 조선화보사, 외국문출판사, 예술교육출판사 등이다.

서울 광화문에 있는 통일부 북한자료센터에는 약 20여 종의 북한 사진집이 있다. 『조선의 풍경』은 1992년에 외국문종합출판사에서 나왔으며 북한의 명소들을 찍은 사진들로 꾸며진 컬러 사진집으로 백두산, 대동강, 금강산 등 명승지의 4계절을 찍은 사진 200여 장이 수록되어 있다. 정치색이 거의 없는 순수 풍경사진으로만 꾸몄다. 사진의 상태로 볼 때 우리가 일반적으로 쓰는 35mm 필름 대신 전문가 용이면서 가격이 비싼 중대형 슬라이드 필름으로 작업한 것으로 보인다. 이 사진집에는 사진작가 김용남, 신성희 등 15~16명의 이름이 보이는데, 이들은 신문 사진과는 별도로 풍경사진만을 찍는 작가들인 듯하다. 김용남은 1991년에 조선화보사가 발행한 사진집 『금강산』에서도 사진작가 리춘과 함께 공동 촬영자로 등장하고 있어 전문 사진작가임을 추측하게 한다.

남한에서도 산(山) 사진 전문 작가가 많이 활동하고 있는데, 북한에도 비슷한 작가들이 있는 것으로 보인다. 1995년 문화보존사에서 발간한 사진집 『백두산 천지』는 사진작가 주동희의 작품으로만 구성되어 있다.

북한의 주요 천연기념물. 왼쪽부터 룡림불곰, 삼지연 누렁이, 관모봉반달가슴곰. 정치성이 없는 생태사진은 남북 사진기자들이 우선적으로 공동 작업을 시작해볼 수 있는 분야다(한국과학기술정보연구원 제공).

신문에 실리는 사진 중에도 우리의 사진과 흡사하게 보이는 것들이 있다. 특히 계절의 변화를 보여주는 사진들이 그렇다. 《노동신문》 2002년 9월 7일자 3면에 실린 "애써 가꾼 보람이 있어 수세미 오이가 흐뭇하게 주렁졌다"의 사진은 체제를 떠나 기후가 비슷한 한반도에서 공통적으로 나올 수 있는 사진이 아닌가 싶다.

13. 스포츠 사진이 사라지고 있다

스포츠 사진은 사진기자들에게는 참 어려운 취잿거리 중 하나다. 승부의 순간은 딱 한 번 이뤄질 뿐이며 이 순간을 포착하느냐 놓치느냐에 따라 사진의 성패가 결정된다. TV의 경우 카메라 여러 대를 동원해 스포츠 현장을 기록하기 때문에 실수의 비율이 낮지만 신문 사진은 1, 2명이 결정적 순간을 반드시 포착해야 한다. 그래서 신문 사진의 백미는 스포츠 사진이라고 할 수 있다.

북한에도 스포츠 사진이 있을까? 결론부터 말하면 1960년대 초반까지는 있었는데 지금은 거의 없다. 올림픽 등 국제경기에서 우수한 성적을 낸 선수들의 모습을 게재하는 정도다. 2002년 부산아시안게임 당시 북한 《노동신문》에 스포츠 사진이 몇 장 실렸다. 그런데 이 당시 실린 사진들은 '스포츠 액션' 사진이 아니라 '우승자 인물 사진'이 대부분이었다. 당시 사진을 살펴보면, 사격 여자 단체경기에서 금메달을 딴 이혜경·박영희·김문화 선수가 시상대에서 손을 올

≪노동신문≫ 2002년 10월 30일자에는 북한 마라톤 영웅 함봉실이 부산아시안게임 마라톤 경기에서 우승한 후 그라운드를 질주하는 사진이 실렸다. 북한 스포츠 사진과 달리 생동감 넘치는 이 사진은 남쪽 통신사인 연합뉴스 성연재 기자가 촬영한 사진을 ≪노동신문≫이 동의 없이 전재한 것이다.

려 잡은 채 관중을 보는 모습(10월 3일자), 체조경기에서 금메달을 딴 한정일·김현일 선수의 시상대 모습(10월 6일) 등이다. 승부의 순간 보다는 조국의 명예를 드높인 영웅들의 얼굴을 제대로 보여주는 사진을 선택한 것이다. 스포츠 사진이 사라진 이유는 불분명하다. 다만 엘리트 스포츠를 줄이고 대중 스포츠를 강조하다 보니 전문 선수들의 화려한 경기 모습이 지면에 등장하기 어려울 것이라는 추측만 할 수 있을 뿐이다.

주목할 만한 점은 스포츠 사진이 북한의 전력난을 보여주고 있다는 것이다. ≪노동신문≫ 1998년 1월 16일자 4면에는 농구경기 사진이 실렸다. 북한과 구소련 팀의 친선경기에서 모스크바 여자 농구팀의 수비를 뚫고 레이업슛을 하는 북한 여자 농구선수의 모습이었다. 평양체육관에서 열린 이 경기는 ≪노동신문≫ 림순직 기자가 촬영했는데 흐릿하게 찍혔다. 림순직 기자는 30년 이상의 촬영 경력을 가진 사진기자다. 경험과 기술의 측면에서 그를 따를 수 있는 사진기자는 없다고 해도 과언이 아니다. 흐릿하게 찍힌 이 사진의 품질은 사진기자 탓이 아니라 어려움에 처한 북한 경제 탓이었다.

실내 스포츠 경기를 찍기 위해서는 좋은 카메라와 밝은 렌즈, 고감도 필름뿐만 아니라 적절한 조명이 필요하다. 선수들의 시야를 가릴 수 있으므로 플래시를 사용할 수는 없다. 1/500초 이상의 빠른 셔터속도로 촬영해야 하기 때문에 밝은 실내조명은 필수적인 요소다. 즉 사진을 찍을 때 평양체육관의 조명이 충분하지 못했기 때문에 림순직 기자는 움직이는 선수의 액션을 고정시킬 수 있는 1/500초보다 느린 셔터 속도를 선택했고 결과적으로 희미한 사진이 찍혀버린 것이다.

14. 글도 쓰고 사진도 찍는 만능 기자들

글과 사진을 함께 독자에게 내놓는다는 것은 사진기자로서는 사실 쉬운 일이 아니다. 취재기자들의 전문적인 글쓰기에 익숙해 있는 독자들에게 자칫 '함량 미달'의 글을 보여줄 수도 있다는 걱정 때문이다. 현장에서 느낀 감정을 간단한 기사와 함께 사진으로 표현하는 것을 포토에세이라고 부를 수 있는데, 최근 3~4년 사이 남한의 젊은 사진기자들을 중심으로 포토에세이에 대한 관심이 높아지고 있으며 실제로 ≪중앙일보≫, ≪경향신문≫, ≪국민일보≫ 등에서는 1개월에 두 번 정도 사진기자들이 포토에세이를 직접 제작해 지면에 싣고 있다. 하지만 각 회사 내에서 포토에세이의 필요성을 설득하는데 많은 어려움이 있는 것으로 알고 있다.

남쪽 사진기자들에 비하면 북쪽 사진기자들은 글을 자주 쓰는 편이다. 3~4단 정도의 비교적 큰 사진과 함께 사진기자들이 직접 쓴 글이 함께 실리고 있으며, 이것은 최소한 1970년대 말부터 등장해 현재까지 이어지고 있다. 보통 1달 30일 기준으로 3~4회 정도 실린다. 2002년 9월 ≪노동신문≫에는 <대동강의 일요일 정서(김성남 기자)>, <깐진 살림살이, 윤택해지는 생활, 마음은 언제나 초소에(김

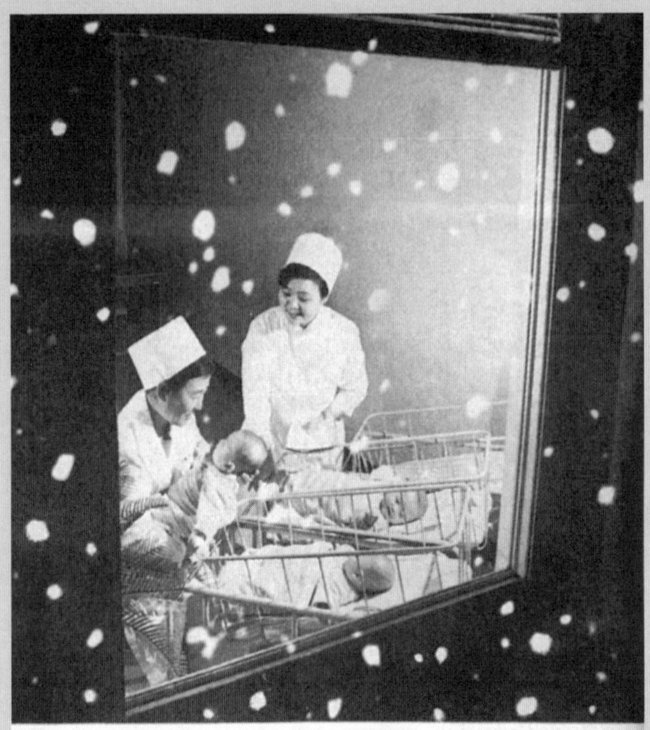

평양산원의 밝은 창가

함박눈이 소리없이 내리는 깊은 밤 평양산원의 창가에 사랑과 행복이 비꼈다. 포근한 요람속에서 단잠을 자고 난 귀여운 아기들의 얼굴을 기쁨속에 들여다보며 밝게 웃는 의사와 간호원, 태여나 처음으로 눈에 익힌 정다운 모습들을 어머니의 모습인양 바라보며 곱게 웃는 사랑스러운 복덩이들…

아마도 저 처녀간호원은 이렇게 속삭이리라.

《너희들이 태여난 이 집은 경애하는 아버지 김정일장군님께서 세워주신 사랑의 집이란다. 》

평양산원의 밝은 창가, 진정 여기에는 경애하는 장군님의 은혜로운 사랑과 내 나라, 내 조국의 찬란한 미래가 비껴있다. 하기에 저 하얀 눈송이도 축복의 꽃보라인양 춤을 추며 환희롭게 내리는것이 아닌가!

글 및 사진 본사기자 정 순 애

"글 및 사진 본사기자 정순애"라는 크레디트가 보인다. 북한의 사진기자들은 이미지를 만드는 기술자로서의 역할뿐만 아니라 이념의 선전자로서의 역할도 부여받고 있다(≪노동신문≫, 1995년 2월 26일자).

철순 기자)>, <값높은 발걸음(리명남 기자)>, <더 높은 곳을 향하여
(김광혁 기자)> 등의 포토에세이가 게재되었다. ≪노동신문≫ 사진기
자들이 쓰는 글은 직선적이고 건조한 편이지만 시적인 표현도 볼
수 있다.

남쪽보다 북쪽의 사진기자들이 글과 사진을 함께 엮어 지면에 싣는
경우가 많은 이유는 체제와도 관련이 있다고 보인다. 사회주의 국가
에서 기자를 포함해 문화예술인들에게는 총체주의적 사고와 균형성
이 강조된다. 사진기자라 하더라도 단순히 이미지만을 다루는 것이
아니라 이념에도 충실해야 한다는 것이 사회주의 신문의 이념인 것이
다. 사회주의적 균형성을 강조하다 보니 나타나는 또 하나의 현상은
하루치 신문에 사진기자의 이름이 두 번 이상 나오는 경우가 없다는
것이다. 아무리 여러 곳을 돌아다니고 많은 사진을 싣는다 해도 이름
은 딱 한 번만 나온다. 만약 1면에 사진이 실린 A 기자의 또 다른
사진이 2면에 추가로 실리면 둘 중 하나는 그냥 "본사기자 찍음"으로
표기된다.

반면 자본주의 사회에서는 효율의 극대화를 위한 분화가 강조된다.
기사는 일반기자가, 사진은 사진기자가 분업해 담당하는 것이 효율적
이라고 보는 것이다.

15. 디카를 뭐라고 할까?

북한에서는 디지털 카메라를 뭐라고 할까? 사진 문화는 영어권에서 시작되었고 따라서 용어도 영어가 대부분이지만, 북한은 생활에서 쓰이는 외래어를 자체적인 표현으로 고쳐 쓰는 경우가 많다. 다음은 북한의 사진 관련 용어들을 살펴본 것이다. 왼쪽이 남한, 오른쪽이 북한에서 쓰는 용어다. 디지털 카메라는 숫자식 카메라라고 하지만, 디지털 카메라라고 영어식 표기를 그대로 쓰기도 한다.

〈남북한 사진 관련 용어 비교〉

남측 표현	북측 표현	남측 표현	북측 표현
클로즈업	대사화면	플래시	섬광등
노출시간	빛쪼임 시간	사진 전송	사진 전진
컬러 사진	총천연색 사진	화각	시야각
현상	깨우기	필터	빛거르개
필름	필림	초점	모임점
인화지	사진종이	감도	빛느낌도

* 공통용어: 사진, 카메라, 접사 촬영, 사진기자, 망원렌즈, 광각렌즈, 조리개, 피사계심도, 셔터, 렌즈 등

참고문헌

북한 문헌

1. 단행본

등대사. 1995. 『당의 향도자』. 평양: 등대사.

리양일. 2003. 『주체영화리론총서(7): 영화촬영』. 평양: 문학예술출판사.

엄기영. 1989. 『신문학개론』. 평양: 김일성종합대학출판사.

조선로동당출판사. 1985. 『출판보도사업에 대한 당의 방침해설』. 평양: 조선로동당출판사.

2. 논문 및 저작집류

김일성. 『김일성 저작집』. 평양: 조선로동당출판사.

김정일. 『김정일 선집』. 평양: 조선로동당출판사.

______. "조선통신사의 기본임무: 조선중앙통신사 일군들과 한 담화"(1964년 6월 12일). 『김정일 선집』, 제1권(1992). 평양: 조선로동당출판사.

______. "당대표회결정관철에서 출판보도물의 역할을 높이자: 조선로동당 중앙위원회 선전선동부 일군 및 기자, 편집원들과 한 담화"(1966년 10월 28일). 『김정일 선집』, 제1권(1992). 평양: 조선로동당출판사.

______. "4·15문학창작단을 내올데 대하여: 조선로동당 중앙위원회 선전선동부 책임일군들과 한 담화"(1967년 6월 20일). 『김정일 선집』, 제1권(1992). 평양: 조선로동당출판사.

______. "당에 끝없이 충직한 문예전사로 준비하자: 김일성종합대학 조선어문학부 졸업생들과 한 담화"(1968년 10월 8일). 『김정일 선집』, 제1권(1992). 평양: 조선로동당출판사.

______. "예술교육사업에서 사회주의 교육학의 원리를 철저히 구현할데 대하여: 평양연극영화대학 교직원들 앞에서 한 연설"(1971년 7월 8일). 『김

정일 선집』, 제2권(1993). 평양: 조선로동당출판사.

______. "영화예술론"(1973년 4월 11일).『김정일 선집』, 제3권(1994).평양: 조선로동당출판사.

______. "로동신문사 사업을 개선할데 대하여"(1978년 4월 14일).『김정일 선집』, 제6권(1995). 평양: 조선로동당출판사.

유락길. 1995. "만민의 심장 속에 영원할 인민의 어버이에 대한 훌륭한 형상 — 선전화 <위대한 수령 김일성 동지는 영원히 우리와 함께 계신다> 에 대하여." ≪조선예술≫, 제1호. 평양: 문학예술종합출판사.

지덕종. 1994. "직관선동미술의 예술성을 높이자." ≪조선예술≫ 제1호. 평양: 문학예술종합출판사.

______. 1990. "위대한 수령님의 초상휘장." ≪조선예술≫ 제11호. 평양: 문학예술종합출판사.

3. 기타 자료

≪로동신문≫ 각호.

≪문학신문≫ 각호.

조선중앙통신사. 1953.『조선중앙년감 1951~52』. 평양: 조선중앙통신사.

조선중앙통신사. 1960.『조선중앙년감 1959』. 평양: 조선중앙통신사.

과학, 백과사전출판사. 1983,『백과전서(3)』. 평양: 과학, 백과사전출판사.

백과사전출판사. 2000.『조선대백과사전』. 평양: 백과사전출판사.

국내 문헌

1. 단행본

강현두. 1997.『북한 매스미디어론』. 서울: 나남출판.

기광서. 2005.『사진과 그림으로 보는 북한 현대사』. 서울: 웅진씽크빅.

김광운. 2003.『북한정치사 연구 I』. 서울: 선인.

김병로. 1994.『주체사상의 내면화 실태』. 서울: 민족통일연구원.

김성배. 1993.『역사와 함께 발육하는 보도사진』. 서울: 새소년.

김승철. 2000.『북한 동포들의 생활문화양식과 마지막 희망』. 서울: 자료원.

김영수. 2004.『기록자와 해설자: 조선일보와 뉴욕타임스의 사진 비교』. 서울: 미디어연구소.

김영주. 1998.『현대북한언론연구』. 마산: 경남대학교출판부.

김영주·이범수 엮음. 1999.『현대 북한 언론의 이해』. 서울: 한울아카데미.

김정숙. 2006.『북한 사람들이 말하는 북한 이야기』. 서울: 정토출판.

김창희. 2004.『김정일의 딜레마』. 서울: 인물과 사상사.

백지한 엮음. 1989.『북한영화의 이해』. 서울: 친구.

삼경 편집부. 1997.『카메라 와이즈』. 서울: 삼경.

성혜랑. 2001.『등나무집』. 서울: 지식나라.

손광주. 2004.『김정일 리포트』. 서울: 바다출판사.

양문수. 2001.『북한경제의 구조』. 서울: 서울대학교 출판부.

유재천. 1989.『북한의 언론』. 서울: 을유문화사.

월간 민족21. 2004.『북녘 사람들은 어떻게 살고 있을까?』. 서울: 선인.

이구열. 2001.『북한 미술 50년』. 서울: 돌베개.

이명동. 1999.『사진은 사진이어야 한다』. 서울, 사진예술사.

이영준. 1999.『사진, 이상한 예술』. 서울: 눈빛.

이우영. 2003.「북한의 문화전략」.『북한의 국가전략』. 서울: 한울.

______. 2002.『북한사회의 상징체계 연구: 혁명 구호의 변화를 중심으로』. 서울: 통일연구원.

______. 1998.『김정일 문예정책의 지속과 변화』. 서울: 민족통일연구원.

이정식. 1991.『조선노동당 약사』. 서울: 이론과 실천.

이종석. 2002.『새로 쓴 현대 북한의 이해』. 서울: 역사비평사.

전미영. 2001.『김일성의 말, 그 대중설득의 전략』. 서울: 책세상.

전민조. 1999.『가짜사진 트릭사진』. 서울: 행림출판.

조선미. 2007.『초상화 연구: 초상화와 초상화론』. 서울: 문예출판사.

주창윤. 2003.『영상 이미지의 구조』. 서울: 나남.

주형일. 2004.『영상매체와 사회』. 서울: 한울아카데미.

조영복. 2002.『월북예술가 오래 잊혀진 그들』. 서울: 돌베개.

조한혜정·이우영 엮음. 2000. 『탈분단시대를 열며』. 서울: 삼인.

한정식. 1989. 『사진예술개론』. 서울, 열화당.

______. 2006. 『사진, 예술로 가는 길』. 서울: 눈빛.

2. 논문

고명진. 1995. 「한국 언론의 김일성 사망보도에 관한 연구」 중앙대학교 석사학위 논문.

구갑우. 2003. 「북한 연구와 비교사회주의 방법론」. 『북한연구 방법론』. 서울: 한울.

김동철. 1999. 「프로파간다 사진읽기 역사의 흐름에 지워지는 사람들」. ≪계간 사진기자≫, 봄호. 한국사진기자협회.

김용현. 2005. 「선군정치와 김정일 국방위원장 체제의 정치변화」. ≪현대북한연구≫, 제8권 3호. 북한대학원대학교.

김정룡, 1993. 「김정일의 이미지 형성과정에 관한 연구ー≪로동신문≫ 기사의 내용 분석을 중심으로」. 연세대학교 신문방송학과 석사학위 논문.

노귀남. 2004. 「조선문학예술총동맹」. 『조선로동당의 외곽단체』. 세종연구소 북한연구센터.

문봄나. 1997. 「남·북 신문의 보도 태도에 대한 연구」. 동아대학교 석사학위 논문.

서영수. 2002. 「신문보도용 스케치 사진의 특성과 변천 과정에 관한 연구」. 동국대학교 언론정보대학원 석사학위 논문.

송정호. 2005. 「북한 권력승계 문제의 쟁점과 전망」. ≪현대북한연구≫, 제7권 3호. 북한대학원대학교.

신효숙. 2005. 「북한 사회의 변화와 고등 인력의 양성과 재편(1945~1960)」, ≪현대북한연구≫, 제8권 2호. 북한대학원대학교.

오윤정. 2000. 「한국 신문 1면의 사진 보도양식 변천에 관한 연구」. 이화여대 석사학위 논문.

왕태석. 2000. 「신문의 비주얼화와 사진 이용에 관한 연구」. 중앙대학교 석사학위 논문.

이설희. 2003. 「포토저널리즘의 신화적 의미 작용에 관한 연구: 강금실 법무장 관의 신문 사진을 중심으로」. 성균관대학교 석사학위 논문.

이우영. 2003. 「북한의 문화전략」. 『북한의 국가전략』. 서울: 세종연구소.

이종수. 2003. 「신문 1면 사진에 나타난 한국 포토저널리즘의 변화 경향」. 『한국언론학보』, 제47권 2호. 한국언론학회.

이종승. 2001. 「신문 성격 규정을 위한 또 하나의 기준: 1987년 6월 동아일보 서울신문의 사진 분석을 중심으로」. 중앙대학교 예술대학원 석사학위 논문.

이태섭. 2003. 「김정일 후계체제의 확립과 '단결'의 정치」. ≪현대북한연구≫, 제6권 1호. 북한대학원대학교.

전미영. 2000. 「북한의 대중 설득 정책과 김일성 담화의 언어 전략」. ≪현대북 한연구≫, 제3권 1호. 경남대학교 북한대학원.

정영철. 2001. 『김정일 체제 형성의 사회정치적 기원: 1967~1982』. 서울대학 교 박사학위 논문.

______. 2002. 「김일성과 김정일의 리더십 비교: '수령체계'의 구조적 분석과 전망」. ≪경제와 사회≫, 제55호. 한국산업사회학회.

조선미. 1981. 「韓國肖像畫에 대한 畫論的 接近」. ≪미학≫, 제7호. 한국사진 학회.

조은영. 2003. 「한국 신문 1면 특성의 변화 연구: 1921~2001년의 조선일보와 동아일보를 중심으로」. 이화여자대학교 석사학위 논문.

최완규. 2003. 「북한연구방법론 논쟁에 대한 성찰적 접근 ─ 연구시각·체제성 격의 특수성과 보편성」. 『북한연구방법론』. 서울: 한울.

허현주. 2001. 「한·미 신문 1면의 사진 연구」. ≪한국사진학회지≫, No.8. 한국사진학회.

홍미연. 2003. 「≪로동신문≫의 위기 극복 담론 분석」. 경남대학교 북한대학 원 석사학위 논문.

3. 신문

≪동아일보≫

≪한겨레신문≫
≪세계일보≫

해외 문헌

돈 오버더퍼(Don Oberderfer). 2003. 『두 개의 한국』. 이종길 옮김. 서울: 길산.
폴 레스터(Paul Lester). 1999. 『포토저널리즘과 윤리학』. 허현주 옮김. 서울: 삼경.
지젤 프로인트(Gisele Frend). 1990. 『사진과 사회』. 성완경 옮김. 서울: 기린원.
케네스 코브레(Kenneth Kobre). 1997. 『포토저널리즘: 프로 사진가의 접근』. 이기명·금동호 옮김. 서울: 삼경.
배리 건터(Barrie Gunter). 2004. 『미디어 연구방법』. 나은영 옮김. 서울: 한나래.
피터 K. 버라이언(Peter K. Burian), 로버트 카푸토(Robert. Caputo). 2005. 『내셔널 지오그래픽 포토그래피 필드가이드: 뛰어난 사진을 만드는 비결』. 김문호 옮김. 서울: 청어람 미디어.
존 버거(John Berger). 1991. 『이미지: 시각과 미디어』. 편집부 옮김. 서울: 동문선.
P. M. 레스터(P. M. Lester). 1997. 『비주얼커뮤니케이션』. 금동호, 김성민 옮김. 서울: 나남출판.

지은이 변영욱

성균관대학교 중어중문학과를 졸업하고 1996년 ≪동아일보≫에 입사해 현재까지 사진기자로 일하고 있다. 1995년 여름, 어학 연수를 갔던 중국 베이징의 한 대학에서 북한 유학생들을 처음 만났다. 1998년부터 2007년까지 10년간 평양에서 두 차례 취재했으며 중국에서 양빈 사태 등 다수의 북한 관련 취재를 했다. 통일농구대회와 남북이산가족상봉행사 취재 등을 하면서 북한에 대해 관심을 갖기 시작했으며 특히 2003년 개성공단 착공식 취재 후 북한을 체계적으로 공부해야겠다고 느껴 대학원에서 공부를 시작했다. 2007년 2월 북한대학원대학교(구 경남대 북한대학원)에서 석사 학위를 받았다.

김정일.JPG
이미지의 독점

ⓒ 변영욱, 2008

지은이 | 변영욱
펴낸이 | 김종수
펴낸곳 | 도서출판 한울
편집 책임 | 김경아
편 집 | 박록희

초판 1쇄 발행 | 2008년 6월 5일
초판 2쇄 발행 | 2008년 11월 20일

주소 | 413-832 파주시 교하읍 문발리 507-2(본사)
       121-801 서울시 마포구 공덕동 105-90 서울빌딩 3층(서울 사무소)
전화 | 영업 02-326-0095, 편집 02-336-6183
팩스 | 02-333-7543
홈페이지 | www.hanulbooks.co.kr
등록 | 1980년 3월 13일, 제406-2003-051호

Printed in Korea.
ISBN 978-89-460-3921-6 03070
* 책값은 겉표지에 있습니다.
* 이 책은 삼성언론재단의 지원을 받아 출간되었습니다.